運命を1日で変える
「レイキ」活用法

癒《いや》しの手

望月俊孝

きずな出版

はじめに／限りある人生の中で無限の可能性を発揮する方法

地図やガイドより人生の旅に必要なもの

人は誰でも無限の可能性を持っています。
でも人生の長さは有限です。
しかもいつ終わるかは誰にもわかりません。

それに氣づいた人は、やがてこんな疑問を持ち始めます。

「自分は何のために生きているのだろう？」

僕もそうでした。

その答えを探すのにずいぶんと人生の旅をしました。
手っ取り早く答えを得るために、いろいろな道具に手を出しました。
答えの在《あ》りかの地図（模範解答）を欲しがったこともあります。
答えを知っているガイド（メンター）を探したこともあります。
コンパス（やり方）だけを頼りにやみくもに動いたこともあります。
しかし、答えを得ることはできませんでした。

彷徨《さまよ》い続ける中、僕はようやく、自分に必要なものがわかりました。

それは、「北極星」でした。
北極星は真北にある不動の星です。
昔の旅人はそれを目印にしていました。

自分にも北極星のような、いかなる時でもぶれることなく、人生を導いてくれるものはないだろうか？

今から25年前、僕はそんな「北極星」を見つけることができました。

奇跡を奇跡で終わらせないために書いた本

それが「レイキ」でした。
レイキは、僕の人生をいつもぶれることなく、正しい方向に導いてくれました。

レイキと出会い、レイキを学び、レイキを広げる。

その過程で、僕の人生には一氣にたくさんの物が流れ込んできました。

□ **健康**
□ **豊かさ**
□ **愛**

□ 才能
□ 仲間
□ 情熱
□ 使命

いずれもそれまでの人生では縁のないものばかりでした。

しかし僕はこれを「奇跡」ですませたくはありませんでした。

1人でも多くの方の人生にも同じような……、いやそれ以上の素晴らしいことが起こってほしい。

そんな思いはやがて1冊の本になりました。

それが本書の前身である『癒しの手―宇宙エネルギー「レイキ」活用法』(たま出版)です。

旧版はおかげさまでロングセラーとなり、文庫や新書にもなり、10万部を超え、海外でも翻訳されました。その後の僕の作家人生の原点となりました。

だから中途半端な氣持ちでは、手を加えることはできませんでした。
ゆえに今回のリニューアルでは、ほぼ一から書き直しました。
リニューアル（新装）を超えて、リクリエイション（再創造）を目指したのです。
だから既存のものとはまったく違う伝え方に挑戦しました。

初公開！　レイキの3つ目の語り方とは？

これまでレイキについて、2つのパターンで語ってきました。
1つ目は「What（存在自体の魅力を語ること）」です。
たとえばこんな感じで、伝えてきました。

□ **日本発祥のヒーリング・メソッドとして世界121ヶ国・推定500万人が実践するまでに広がっている、世界でもっともポピュラーな（人氣のある）ヒーリング・自己成長の方法です。**

□　美容健康法としては、海外セレブにも人氣です。
歌手のクリスティーナ・アギレラさんが22キロとも36キロともいわれるダイエットにレイキを取り入れて成功しています（米タブロイド紙「ナショナル・エンクワイアラー」報道）。

また、モデルのミランダ・カーさんが、ご自身のブランドのオーガニックコスメに自らレイキヒーリングをしたローズクォーツを配合しています（「MY LOHAS」2013・8・6配信記事より）。

□　ハーバード大学関連医療機関でもレイキは採用されています。

2つ目はHow（メソッドの魅力を語ること）です。
たとえばこんな感じで、伝えてきました。

□　まるでインターネットを接続するように、アチューンメントを受けるだけでヒーリング能力が身につきます。

□　特別な道具や場所を必要とせず、ただ手を当てるだけで自分にも他人にも深い癒しをもたらすことができます。

□ **さらに4つのシンボル・マントラというツールを活用すれば精神的な癒しや遠隔ヒーリング、または開運・潜在能力開発もできます。**

しかし今回はあえて3つ目の語り方に挑戦しました。
それは、Why（理由・想い）です。

□ **なぜ、僕（望月）がレイキを最大の情熱で伝えているのか。**
□ **なぜ、僕がレイキを伝え・広めることができたのか。**
□ **なぜ、これからの時代あなたにレイキが必要なのか。**

本書の内容は、この3点に絞りました。
それだけを伝えるために全力を尽くしました。

なお、他の技術的・概論的な部分については、稿を改めて書かせていただきました。本書の読者の皆さんに無料でプレゼントさせていただきます（手に入れるには巻末をご覧ください）。

ここからあなたには、次のものを手に入れてほしいと思います。

本書であなたが手に入れられるもの

「この本を閉じたあなたにレイキのある人生を送ってほしい。

そして、あなたなりの『北極星』を見つけていただき、ぶれることのない豊かな人生を生涯送ってもらいたい」

これが本書のゴールです。


そのために次のことをお伝えしていきます。

●第1章…レイキと出会うということ

第1章は、僕がレイキと出会い人生が変わるまでの物語です。

次の点を受け取っていただいたら幸いです。

□ 25年間毎月欠かさず講座を続けてこれた、たった1つの原動力
□ ただの感動を人生のテーマにまで高める方法
□ 想像していた夢は想像もしていない形で叶う
□ 自分の本当の望みを無視した末に起きたこと
□ 人生の転機はいつも人が持ってきてくれる
□ 答えは目の前の問題の中にしかない
□ 喜んで対価を支払ってくれるお客様に起きていること

●第2章…レイキを学ぶということ

第2章は、今度はレイキを伝える立場になった僕が想いを学びの形にまで高めた時の物語です。

次の点を受け取っていただいたら幸いです。

□レイキが世界に広まった3つの奇跡のストーリー
□全身全霊で考えても出なかった答えさえ導き出す方法
□「貢献」の人生を歩める人が必ず持っているもの
□自分を超える人材が必ず現れるたった1つの仕組みとは
□使命は「本当に大切にしていた存在」に氣づくと見つかる
□学びのプログラムが階段式がいい本当の理由
□まずは「教えない」ことから決める
□教え方は「スロープ（傾斜）」式がいい理由
□学びの1歩目はDO（する）より前にBE（なってしまう）
□レイキが「豊かさの技術」である理由
□「学んでも、結局使っていない」をなくす秘密の伝え方
□目の前の現実を変える人類共通の3つのポイント
□最大のチャンスは最大のピンチとともに来る

第3章…レイキを広げるということ

第3章は、レイキをより広げていく中で僕が出会った試練と挑戦の物語です。ここまですべてを語るのは、初めてです。

次の点を受け取っていただいたら幸いです。

- □ 才能は見つけるのではなく、思い出すもの
- □ 言葉の力で目の前の世界は動かせる
- □ 相手を動かす究極のリスクの背負い方
- □ レイキの10大特徴は「断言する勇氣」から生まれた
- □ 本を書いた人からその分野の「権威」になれる
- □ 一番大切なことは一番嫌っていたことが教えてくれる
- □ 最高の報酬は「恩返しができたこと」
- □ 夢実現がもたらす夢以上に大切な力
- □ 人生を変える学びにはエネルギーが必要

初公開！　レイキに見るまなびとエネルギーの７つの法則

●第４章…レイキをつなげるということ

第４章は、現在僕に代わって、レイキ全般の講師を担当している廣野慎一《ひろのしんいち》が語る人生好転の物語です。

新しい時代のレイキの可能性と人生好転の秘訣を大公開します。

次の点を受け取っていただいたら幸いです。

- □　１００％「普通」の男が自然に天職に導かれた４つのステップ
- □　人生の転機は「場違い」で「構えない」所で起きる
- □　人生を好転させる誰も知らない４つのサイクル
- □　「やる氣があるけどなぜか動けない」の理由の解明
- □　なぜ最初に「運氣」を高めるといいのか

□ 人生を好転させるためのレイキの5ステップ学習法
□ 世界で実践済！　目には見えない技術を伝えるための3つの秘訣
□ 人生最大の問題「孤独」の癒し方

第5章…レイキと生きるということ

第5章は、これからの未来を進むあなたに、レイキがなぜ役立つかを語ります。

人工知能（AI）に仮想現実（VR）。

僕ら人間の存在自体が問われるこれからの未来でこそ、レイキはあなたを輝かせます。

なぜならば、レイキの神髄は、人工知能（AI）には絶対に真似できないことだからです。

次の点を受け取っていただいたら幸いです。

□ 人間の科学技術が生まれた1つの理由
□ なぜ僕は人工知能（AI）に仕事を奪われる未来にワクワクしているか

□ あなたの手が持つ知られざる2つの力
□ 癒しの本質はたった一言で言える
□ 癒しの主役は「視覚」ではなく「触覚」
□ 人工知能（AI）が絶対に真似できないたった1つのレイキの神髄とは？
□ レイキは最高の人生の案内役である理由

目はつむることができます。

口を閉じることはできます。

耳をふさぐことはできます。

鼻をつまむことはできます。

でも触れ合いがもたらす触覚は、たとえあなたがいかなる状況にいても否定することなく感じることができます。

レイキを通して、人間の素晴らしさとぬくもりに、もう一度思いを馳せていただければ幸いです。

それではさっそく第1章でお会いしましょう。

●目　次

第2章 レイキを学ぶということ

第3章 レイキを広げるということ

第4章 レイキをつなげるということ

第5章 レイキと生きるということ

おわりに
無限の可能性も永遠の存在も、すべて限りある人生の中にある

261

癒しの手——運命を1日で変える「レイキ」活用法

【注意】

レイキは健康法です。ストレスの軽減とリラクゼーションの促進を目的としたものです。医師などの有資格者の医療専門家による身体・精神への治療を代替するものではありません。医師などの有資格者の医療専門家以外のレイキ健康法実践者は、医薬品や化学的物質の処方などを含め、自他の身体及び精神に対する医学的診断や医学的治療などの医療行為をするものではありません。

第1章

レイキと出会うということ

1 25年間毎月レイキを伝えてきた

こんにちは、望月俊孝です。

僕は、過去25年間、のべ62万人の方に対して著書やセミナーを通して、1人1人の本来持つ素晴らしい可能性に氣づいてもらうお手伝いをしてきました。

作家としては、32冊の出版の機会をいただき、累計75万部を世に送らせていただき、7ヶ国語に翻訳されています。

その中でも「レイキ」は僕にとって特別な存在の1つです。

僕が代表をつとめるヴォルテックスでは、会社設立当時から、毎月休むことなく、レイキセミナーを行ってきました。

これまで、**のべ4万5062名様のご受講生にレイキをお伝えしてきました**（**2018年3月31日現在**）。

これは世界有数のポピュラーなレイキにおいても、単一スクールとしては、世界一であると自負しています。
でももっと誇りに思っていることがあります。
それは25年間、プロとして、レイキの普及に努《つと》めてこれたことです。

25年間という長きにわたり、次のことを心がけてきました。

□ **レイキの価値を大切に扱い、その価値を発信すること**
□ **意識が高まり、感情が解放できる学びの場を創り続けること**
□ **レイキの素晴らしさを体感し続けられるカリキュラムを工夫すること**

なぜ、ここまで続けてこれたのか？
それは追求し続ける1つのテーマがあるからです。

2 僕は1つの言葉とともに生きてきた

「人には誰でも無限の可能性がある」

僕は、この1つの言葉とともに生きてきました。
ある時は、この言葉に苦しみました。
ある時は、この言葉に絶望しました。
ある時は、この言葉に喜びました。
ある時は、この言葉に勇氣をもらいました。

しかし、この言葉が心から離れたことはありませんでした。
この言葉は父親の口癖でした。
僕が能力開発や自己啓発に興味を持ったのも父親がきっかけでした。

それは14歳・中学2年生の時でした。

父親は僕にこう言いました。

「俊孝、もっと卓球で強くなりたいか?」

当時の僕は、卓球少年でした。

もちろん強くなりたかった。それも劇的に。

「もちろん、卓球が強くなれるなら、どんなことでもするよ」

父親はニコニコしながら1冊の本をプレゼントしてくれました。

『成功への四つの公式』(J・ジョーンズ著・絶版)

卓球の本ではないことに違和感を感じながらも僕は、とにかく読み始めました。

僕の氣持ちを察してか、父親はエッセンスがまとめられた20ページくらいを選び、印をつけてくれていました。

「潜在意識というすごい力を使えばどんなことでも叶う」

僕はこの言葉に惹《ひ》かれました。
もしかしたら人生のすごい秘密を知ったのかもしれない。

僕はさっそく書いてあることを応用して、「卓球のスクラップブック」を作り始めました。
そこには憧れの選手の写真や格言を20ページくらい貼りました。
僕はそれを毎日ワクワクして眺めながら、卓球漬けの日々を送っていました。

結果は衝撃的でした。

地区予選で優勝したことが1度もない僕らの弱小中学校が、僕がキャプテンになった3年の時、地区予選で優勝し、県大会に出場できたのです。
さらに県大会で、準優勝までできたのです。

練習時間も少なく、強い練習相手もいない、コーチなどもちろんいない、生徒数も部員数も常勝中学の5分の1程度の中学校だったにもかかわらず。

僕は一氣に能力開発・自己啓発・潜在意識の活用にのめり込むことになりました。


そして、いつも信じていました。


「自分には無限の可能性がある」

「だからあれもできるはず、これもできるはず」

しかし、そんな想いは就職とともに打ち砕《くだ》かれます。

3 本だけは、僕の可能性を信じてくれた

大学卒業後、僕はある自動車販売会社に就職しました。

車は好きなはずでした。

しかし同期の仲間の多くは、車好きどころか車に命をかけている。

当然営業もうまくいかず、同期入社40人の中で後ろから2番めの成績でした。

成績発表がある毎朝の朝礼では針のむしろ状態。申し訳なさから、残業もして、休日出勤もして、やる氣だけは必死にアピールしていました。


悩んだ末、心の支えとなったのが、やはり本でした。


成功者や成功法の本は、相変わらず僕に語りかけてくれました。

「人には誰でも無限の可能性がある」と。

当時の僕は漠然と「教育者」になりたいと思っていました。

司馬遼太郎さんの『世に棲む日日』を読み、吉田松陰に強く惹かれました。

特に次のエピソードにしびれました。

松陰は、米国密航に失敗し、萩の野山獄《のやまごく》に投じられます。

しかしその牢の中で、松陰は囚人相手に勉強会を開きます。

それも松陰が一方的に教えるのではなく、それぞれの得意分野を教え合い学び合う勉強会でした。その中で、無氣力だった四人たちは希望を取り戻したのです。

「お互いの可能性を引き出し合いながら、ともに成長していく」

僕はそんな場を作る教育者になりたい。

松陰に少しでも近づけるように、販売員を育成する【教育部】を志望していました。

しかし、僕の成績では叶わぬ夢でした。

4 熱意と憧れだけでは長くは続かない

やがて残業規制の中で退社時間は早くなりました。

僕の足はさまざまな勉強会に向かいました。

なんとしても能力を高めたい一心からでした。
勉強会では終了後、多くの受講生が講師に握手を求めにいきます。
その様子になんとも言えない憧れを感じていました。

「自分もあんなふうになりたい」
密かに思っていました。

そんな中、社内で配置転換がありました。
配属先は部品販売課です。
ナットやビスを自動車の販売会社に卸す日々が待っていました。

もちろん大切な仕事です。
しかし、僕の目指す教育者とはあまりに程遠い。
書店に行くと、分厚い求人誌を眺めることが増えていきました。
するとある日、研修会社の求人広告が目に留まりました。

僕は驚きました。


その会社の社長の講演会に、何回も参加したことがありました。

そして30万円ほどの教材テープを買い、会員にもなり、毎日社長のカセット・テープも聞いていました。

その社長の著書にも心を揺さぶられました。

そんな社長の経営している会社が一緒に働く仲間を募集している！

応募しない理由はありません！

面接の時は無我夢中でした。全力で思いは伝えました。

でも、ナントしてでも入社したい、教育業界に身を置きたいと思うと、興奮のあまりベッドに入っても寝られません。

夜中に起き出し、氣がついたら社長にあててラブレターを書いていました。

「才能と経験は基準に達していないかもしれません。

でも将来性と情熱を買ってください。

その意思表示として、半年間は給料も休みもいりません。

僕の本氣をぜひ見てください！」と。


万年筆で7回も8回も書き直し、翌朝そのまま、その会社の郵便受けに投函しました。

採用内定をもらったのは、3日後でした。

入社した直後は、何もかも新鮮でした。

日課のトイレ掃除も「心を磨かせてもらっているんだ」と感謝できました。


週1回ほど任される社長のかばん持ちは、いよいよ講師に近づいている氣がして誇らしい瞬間でした。重いかばんも社長の英知が詰まっていると思えば、とても感慨深かった。

レポートを頼まれれば、1番に出しました。

しかしそんな氣持ちが続くのも1年が限度でした。

5 想像していた夢は想像しない形で叶う

なにしろ僕は営業ができませんでした。

どんなに熱心に商品を説明できても「買ってください」の一言が言えません。

やがて僕は、経理や在庫管理に配属されることになります。

しかしここで思いもかけないチャンスがきます。


当時は、教材を購入されても、なかなかそれを使いこなせない方もたくさんいらっしゃり、それが全社的な課題になっていました。

そこで始まったのが、教材を購入したお客様へのフォロー講座です。

なんと、その講師に僕が任命されたのです！

想像もしない形での講師デビューでした。

とはいえ、密かな自信はありました。

能力開発は、14歳から研究している分野です。

社長からは、「成功哲学の生き字引」という嬉しいニックネームをいただきました。

年間150講座ほど、さまざまなジャンルの講座を作りました。

記憶力、集中力、夢を叶える、イメージ・トレーニング、創造性開発、企画術、瞑想講座などなど……。人に教えるようになると、ますます学ぶ必要が出てきました。

この頃からはビジネススキル以外にも、人間の可能性や人生の氣づきを追求する自己啓発やスピリチュアルの勉強会にも参加するようになっていました。

やがて、僕はチーフインストラクターに昇格しました。

一部上場企業の研修を含め、年間150回ほど全国で研修をするようになりました。

しかし、そんな日々は長くは続きませんでした。

6 30代前半にして6000万円の借金を背負う

僕は、大きな失敗を1つしてしまいました。

自分の力を過信して、会社を退職して独立してしまったのです。

そこで初めて氣づいたことがあります。

それは「お客様がいない」ということです。

今まで人氣講師でいられたのは、すべて会社のお膳立てがあったからだったのです。

さらに不運は重なりました。

バブル崩壊とともに、不動産投資した物件が手放せなくなったのです。

氣がつけば、僕は30代前半にして、6000万円の借金を負っていました。

最初の独立は1年で終わりました。僕は、再起を図るため、また会社員に戻ることになりました。

7 自分の無限の可能性を忘れた日々

転職先に選んだのは、外資系の研修会社でした。

主にアメリカ人の一流講師を月に2人ほど招聘《しょうへい》して、世界最先端の能力開発法やマインドスキルをお伝えする会社でした。

給料を重視して探していたなら、他にも仕事はあったはずです。

しかし僕は、どうしてもセミナー業界にいたかった。自分のキャリアはそれしかないと思っていました。

毎月の返済に追われ、仕事の締め切りに追われ、やらなければいけない仕事が山積みでした。

「自分の人生は呪われている！」

そう叫びたくなることが何度もありました。

「人には誰でも無限の可能性がある」など、その時は忘れ去っていました。

社員は、みんな外国人。

ほとんど日本語ができないので、仕事の相談もままなりません。

経理・広告・宣伝・招聘したＶＩＰ講師との調整、営業・パンフレット作り……何でもやりました。

その時、僕は自分に言い聞かせていました。

「自分の人生をよくするには、まず会社をよくしないと」

しかしそのために何をするかと言えば、働く時間を増やすことだけ。

食事の時間もままなりません。

最終電車に飛び乗るように乗った瞬間に、思わず溜息とともに、その日初めて呼吸をしているな～、と思うくらい。息つく暇もないような毎日でした。

もちろん結果はよくなるはずがありません。

結局、時間を奪われる悪循環に陥り、何もできないまま1日が終わってしまう。

過剰なストレスと不規則な生活に、僕の身体はやがて悲鳴をあげます。

8 全身をアトピーが襲った

いつしか僕の全身にはアトピーの発疹が浮かび上がっていました。

とにかくかゆい、かゆすぎる。

しかし「かゆみ」は病氣とは見られにくい。

僕は本当に困りました。


タイガーバーム（メントール）を全身に塗り、スースーした清涼感でごまかしたりもしました。

かきむしるうちに肌は象皮のようになり、紫の痕が無残にも残ります。

1日の終わりに自分の身体を見ると、どれだけかきむしったかわかり、唖然としました。

健康法には関心があったので、いろいろ試しました。

・食べ物をよくかむこと
・外食は避け、身体にいいものをとること
・お弁当を作ってもらうこと
・ヨガや氣功、呼吸法をすること
・肌にいい薬や高級水をとること

しかし何を試しても、発疹は引くことはあっても、消えることはありませんでした。
そんな中で、僕はレイキと出会います。

9 なぜ、最初はレイキを信じなかったか？

レイキの存在を教えてくれたのは、高橋さんという受講生の1人であり、友人でした。
友人は言いました。

・レイキは、今海外で大絶賛のエネルギーワークであること
・しかし実は日本発祥であること
・アチューンメントというエネルギー伝授を受ければ、修行・訓練なしでレイキのエネルギーを流せるようになること
・訓練を怠っても一生涯能力が失われないこと
・レイキを行えば行うほど、疲れるどころかエネルギーが増してくること
・基本的には手を当てれば、誰でも使えること

僕はすぐに思いました。

「信じられない。そんなことはありえない！」

「能力開発は、時間をかけて身につけるもの」
「氣功は、修行の積み重ねで鍛錬するもの」

それが14歳から能力開発に勤《いそ》しんできた僕の信念でした。それが否定されるなんてことは考えたくもありません。

受講のすすめは、やんわりと断りました。

しかし、転機はすぐに訪れます。

あるセミナーの終了後、高橋さんと話す機会がありました。

そこで、高橋さんがレイキヒーリングをしてくれたのです。

僕はその氣持ちよさに驚いて、思わず言いました。

「高橋さんって特別な力を持っているんですね！」

その後の高橋さんの言葉にさらに驚かされました。

「いや、誰でも1日でこの力は身につくんだよ」

人間は言葉は否定できても、自分の体感は否定できません。

少しでもアトピーがよくなるのなら……。

そんな思いで僕は受講を決意しました。

10 望月が「癒しの手」を手に入れた瞬間

1993年、僕は、初めてレイキ1を受講しました。

その時の受講生数は8名でした。

講師はオーストラリア人のリン・ペレッツさんでした。

最初のアチューンメントから、とても氣持ちよいエネルギーが全身に満ちることを感じました。

単なる氣分の変化ではありません。

自然と呼吸が深くなっていきます。

さらにアチューンメント後に、レイキを使おうと思うだけで、たちまちスイッチが入り自分の中でレイキのエネルギーが流れているのがはっきり感じられました。

僕が「癒しの手」を手に入れた瞬間です！


この驚きの体験は、僕以外の7名の方全員に起こりました。

後日聞いた話では、一緒に受講した治療家のご夫婦は、受講後の施術の中でお客様から、

「今日は何か特別なことをしたんですか？」

と大いに感謝されたとのことです。


僕は、「癒しの手」となった自分の手を身体中に当てました。

呼吸はますます深くなり、いつしか僕は、今までにない深いやすらぎの中にいました。


「仕事」も「ストレス」も「長年抱え続けてきた重荷」、あらゆる枷《かせ》から解放された瞬間でした。

そこでふと、こんなイメージが湧いてきました。

11 「癒しの手」が思い出させてくれたもの

それは、最愛の妻と生まれたばかりの長男のイメージでした。
妻には大きな負担をかけてきました。
夜討ち朝駆けの僕のために、早朝や深夜にもかかわらず車で送迎をしてくれました。
僕は、妻が笑顔なのをいいことに、ただその愛情に甘えていました。
しかし妻は笑顔の奥に大きなストレスを抱えていたはずです。

それが原因でしょう。
結婚4年めにして授かった待望の息子は、未熟児で生まれてきました。
彼は病院の保育器の中で2ヶ月を過ごすことになります。

僕らと会えるのは、1日たった1時間だけ。
僕は、いても立ってもいられなくなりました。
大切な2人にこの癒しの手を当ててあげたい。一刻も早く、少しでも長く。
その瞬間、こんなアイデアが浮かびました。

「そうだ！　大切な家族のために、一番大切なこの時期だからこそ、育児休暇をとってできる限りのことをしてあげたい！」

あまりにも非常識なアイデアでした。
働き方が見直されている現在でも、育児休暇の取得は大きな議論になります。
それをまさか１９９０年代の前半に、しかも会社の要である男性管理職が取得する。
でも僕はこのアイデアにかけることにしました。
その瞬間、僕の心に再びあの言葉がよみがえってきました。

「人には誰でも無限の可能性がある」

そして、それから3日後。

生涯忘れられない奇跡が起こったのです。

12 3日でアトピーが消えた時に起きていたこと

3日後、鏡の前に立った僕は声をあげました。

身体中のアトピーがすべて消えていたのです!

普通ならば炎症は徐々に小さくなり引いていくものですが、本当に一気に跡形もなく消えていたのです。

なぜこんな奇跡が起こったのか。

今ならばその理由はわかります。

レイキは、僕の身体のみならず心の奥に根づいていた「無価値感」を癒してくれたからです。

転職先の研修会社では、月に2度、海外の一流講師を招聘し、最先端の能力開発スキルやスピリチュアルな知恵を提供していました。

バシャール（ダリル・アンカさん）
スティーブン・ハルパーン博士（音楽療法のパイオニア）
レバナ・シェル・ブドラさん（透視能力者）

彼らがセミナーをすると、会場のエネルギーが一氣に変わります。
それはまるで優れた舞台演劇のようでした。
当時、司会進行も任されていた僕には如実にわかりました。
その姿に強く惹かれていました。

本当は自分もステージに立ちたい。そこでそんな情熱的なセミナーをしたい。

僕は、それまでも講師としてのキャリアがありました。

いや、今こそこれまでの学びを活かし伝えることで、人に貢献するチャンスだと思っていました。それで人生を逆転させようと夢見ていました。


しかし、結局僕は指をくわえて見ているだけでした。

せっかく機会があっても断っていました。


言い訳はいくらでもできました。

「会社の求める期待に応えたい」

「家族のために自分の仕事に徹したい」

でも、本当の理由は自分が一番知っています。

単に勇氣がないだけだと。

自分が登壇すれば、当然他の一流講師と力量を比べられます。熱量を比べられます。人氣も計られます。それが怖かった。

しかし、自分の勇氣のなさ、実力のなさなど認めたくもありません。

そこで僕の無意識は、人前に出ないでいい大義名分を作ったのです。

それが見るも無残な全身のアトピーでした。

ですから「育児休暇取得」という非常識な形ではあっても、本当に大切なことを最優先することに踏み出せた僕には、アトピーはもはや不要のものとなったのです。

13 借金6000万円を抱えてリストラされる

2ヶ月間の育児休暇はかけがえのないものでした。

後任者に推薦した部下は不安のためか、最初は日に5、6回は相談の電話をしてきました。

その電話を受けると僕は必要とされているという微《かす》かな安心を得ることができました。

しかし2ヶ月になろうという頃には週1回の報告だけになっていました。

僕はその成長を頼もしく思っていました。
しかし、育児休暇が終わり復職した僕に、マネージャーの席はありませんでした。
後任に推薦した部下が、そのままマネージャーに就任したのです。
それは実質的な、僕への解雇通知でした。

借金6000万円を抱えたまま、僕は職を失いました。
しかも、僕には生まれたばかりの子どもとその育児に専念するべき妻がいます。
妻のピアノ講師としての収入も途絶えます。
まさに崖っぷち状態になりました。

もはや何でもやるしかない。
僕は何の氣兼ねもなく「講師　望月俊孝」と名乗り、すべてのエネルギーを天職に注ぐ決意をしました。その矢先、再びあの友人から連絡が来たのです。

14 人生の転機は人が持ってきてくれる

その連絡とは、今まで封印されていた「レイキ3」と「レイキ4」がついに日本でも開講されるようになったというものでした。

特に「レイキ4」は、今度は自分がアチューンメントの方法自体を学び、他の方のヒーリング能力を目覚めさせることができるようになる指導者養成講座です。

講師はフランク・ペッターさん。

1993年12月の末に北海道で開講されるとのことでした。

もちろん受けたいのは山々です。

しかし、最大の問題は受講料でした。

交通費・宿泊費を入れると30万円を超えてしまいます。

もうこれ以上自己投資のお金はない。

遠慮しようとした矢先、高橋さんはこんなことを言いました。


「望月さんが前から受けたがっていたと先方にも伝えたよ」

なんと先まわりして話を進めてくれていたのです。

そして、きっぱりとおっしゃいました。

「望月さんは、この後レイキに深く関わっていく人だから、ぜひ札幌に行ったらいいよ」

幸い周囲の友人にこの話をすると、

「望月さんがレイキのティーチャーになったら、ぜひレイキの講座を受けてみたい」という方が何人も現われました。

さらにセミナーの主催を考えてもいいよ、という会社まで現れました。

先にお客様を見つけることができたので、心配はありません。


講座は口伝と実習が中心で、素晴らしいものでした。

レイキの魅力を感じるには十分すぎるものでした。

今と比べるとシンプルなマニュアルしかありません。

しかし、そのおかげで自分自身で検証する必要があり、学習意欲につながりました。

シンプルさと奥深さ。

レイキにはその両方がありました。

同時に「講師　望月」としては、本質を間違えなければ、いくらでも講座の工夫ができることが感じられてワクワクを抑えきれませんでした。

それから3ヶ月後、僕を変える大きな出来事が起きます。

15 デビュー3ヶ月目のセミナーで起きたこと

「レイキセミナーを大阪で開催してくれませんか」

明けて1994年2月、僕はこんなオファーをいただきました。

以前、大阪で行った講演会の参加者の方からでした。

終了後の質疑の中で、僕のプロフィールの「レイキ・ティーチャー」という1文に興味をもたれたのでレイキについてお話しした経緯がありました。

「大阪でレイキセミナーを行ってもらうには、何人くらい集まったら来てくれますか？」

僕は少し迷いましたが、こう答えました。

「最低8名様から伺います」

結果としてなんと、ぴったりの8名の受講生を集めてくださいました。

その当時の僕はレイキの指導者としてのキャリアは、わずか3ヶ月でした。

しかもほぼマンツーマンの講座でした。

とはいえ、不安を言っている場合ではありません。
僕は精一杯講座をしました。

参加者の中には心身のワークに精通した方もかなりいました。
しかし、幸いみなさん一様に「すごい」と喜ばれていました。

驚いたのは、講座の終了後でした。
レイキの講座は1～4の4段階があります。
今回のご依頼は、そのうちのレイキ1・2だけでした。
しかし、8名のうち7名がその上のコースに次々と申し込まれていったのです。
中には指導者の道を志《こころざ》された方もいました。

さらに驚きは続きます。
主催者の方がこうおっしゃったのです。
「望月さん、他にも大阪で講座をやってくれませんか？

8人くらいなら集められるし、今回のメンバーはみんな、参加されたいと思うはずですよ」

僕自身が何もセールスをしなくても、お客様の方から「買わせてください」「もっと教えてください」と申し出てくださる。ダメ営業マンだった僕には、夢のような光景でした。

そして、この数日だけでその前年の年収の半分を上まわる報酬をいただけることになったのです。

16 人は感じた可能性の分だけ対価を払う

僕はこの出来事をただの幸運にはしたくありませんでした。

その理由を深く考えました。

「仕事」とは「報酬をいただくもの」です。「ボランティア」とは違います。

そして、報酬は提供した価値により決まります。

では、お客様はレイキを通して、どんな価値を受け取られたのか？


もちろん人それぞれでしょう。

しかし突き詰めるとそれは一言で集約されます。


「自分の大きな可能性に氣がついたから」


「自分にはこんな力があったんだ！」

「自分はこんなこともできるんだ！」

「だったら、あれもこれもやってみよう！」


深い癒しとつながりの中で、体感をもって、そうした自分の本来の力に氣がつく。

その喜びが成長への意欲となり、次の学びの機会に進んでいただけたのです。

そしてレイキは、それをもっとも安全に、もっとも短い時間で引き起こしてくれたのです。

「人には誰でも無限の可能性がある」

僕がずっと追い求めているテーマです。

もしかしたらレイキはこのテーマを言葉でなく、体感としてすべての人に伝えられるではないか？

高橋さんが言った通り、僕はこれからもずっとレイキに関わっていく予感がしていました。

しかし、1つの問題がありました。

17 新しい仕事を創るということ

1993年当時、レイキを「仕事」にしている人はほとんどいませんでした。

レイキのスクールというのは、新しい仕事を創り出すことでした。

いわばベンチャー起業です。

模範解答もありません。
雛形もありません。参考事例もありません。
その中で僕はたった1人でこの分野を切り開いていくことになりました。
では、何をしたらいいのか。
「温故知新」という言葉があります。
僕はレイキのルーツにこれからの指針を求めました。
レイキは大正時代の日本で、臼井《うすい》甕男《みかお》先生が始められたものです。
ひとまず僕はそのドラマを追うことにしました。
その中で、僕は大きな使命と指針を手にすることができました。
それは何でしょうか？
次章でお伝えします。

第2章

レイキを学ぶということ

1 レイキは3つの奇跡とともに伝わってきた

「奇跡」

臼井先生から始まるレイキの歩みはその一言に尽きました。

それほどの偶然と幸運が重なって今に伝わっています。

そこには、3つの奇跡がありました。

【奇跡1】臼井先生が手に入れたレイキの力を貢献に使われたこと

【奇跡2】アチューンメントが確立され、かつ伝承されたこと

【奇跡3】レイキがハワイに渡り、そこから世界に広がったこと

2 【奇跡1】臼井先生が手に入れたレイキの力を貢献に使われたこと

①答えは「真空」になると降ってくる

「人生とは何か？」

臼井先生が常にもたれていた命題です。

幼少より読書を好み、苦学の中でのちに中国への遊学や欧米への渡航を果たすほどの明晰《めいせき》な頭脳の持ち主でした。

しかし、立身出世には恵まれず、実業家、教師、記者、宣教師など幅広い職を転々とされました。

その過程で臼井先生は1つの悟りを開かれました。

「人生の究極は、安心立命《あんじんりゅうみょう》を得ることだ」と。

「安心立命」とは、仏教用語で「人力を尽くして、その身を天命に任せ、どんな場合でも動じないこと」という意味です。

ではどうすれば「安心立命」に至ることができるか。
臼井先生は、3年間禅の修行を積まれました。
しかし答えは出ず、ついに師にその旨を打ち明けました。

師からの答えはたった1言でした。

「一度死んでごらん」

あなたはこの返答をどうとらえますか?
人間の脳幹にはRAS(網様体賦活系《もうようたいふかつけい》)というフィルターシステムがあります。
このフィルターを通して、人間は自分に必要と思った情報だけを認知しています。

ですから、臼井先生のように全身全霊で命題に取り組まれると、必ず答えには近づけるのです。

しかし、それでも答えがつかめない。

そんな時はどうしたらいいのでしょうか?

答えは、「意図的に真空状態を作る」です。

古代ギリシアの哲学者アリストテレスは「自然は真空を嫌う」と言いました。

自然界では、わずかな隙間が生じれば、たちまちそこに空氣が流れ込みます。

つまりは意図的に新しいものを入れる隙間を作るのです。

心においても、長年追い求めこだわった思索を手放すことで、真空の隙間を作ることができます。

すると、そこにまったく想像もしていなかったような答えが入り込んでくるのです。

禅ではこれを「莫妄想《まくもうそう》」（妄想することはやめなさい）といいます。

まさに師の一言はそれを端的に表しています。

臼井先生は、師の一言の本質をとらえ、覚悟を決められました。

臼井先生は、京都の鞍馬山に登り、山中の御堂に籠《こも》り、そこから断食瞑想修行を開始されました。

季節は春のこと、まだまだ夜などは寒さが厳しい時季です。

それをもって死に近づくことを試みたのでしょう。

②レイキが誕生した瞬間

そして21日目。

真夜中に臼井先生は、突然落雷を受けたような強烈な衝撃を受けます。

そして、一大霊氣《れいき》を頭上に感じ、そのまま氣を失われました。

ふと氣がついた時には朝になっていました。

今まで味わったことがないくらいの目覚めで、心身ともに爽快《そうかい》だったと言います。

それでいて全身には力がみなぎっています。

その時、臼井先生は悟られました。


宇宙の霊氣と、体内の霊氣が相互に交流し、大宇宙と人体はまったく同一のものという「宇宙即我」「我即宇宙」という境地を。


満願成就された先生は鞍馬山を下山します。

その際、谷川の水を飲むために、山道を降りる途中で木の根につまずき、爪が剝《は》がれました。

しかし、手をかざすと、たちまち血が止まり、痛みがなくなりましたので、不思議な力を得たものだとお感じになられました。

山を降りて茶店に立ち寄られた時、少女が歯痛で苦しんでいるので、手をかざすとこれもまたたちまち治りました。

帰ってそのことを修行をすすめた師に話されますと、

「それは悟りの一部である。

その悟りをもって世の中を救いなさい」

と言われました。

大正11（1922）年4月、東京・青山、原宿にて、臼井靈氣療法学会を設立して、療法を教えたり治療をするようになりました。

もちろん臼井先生が悟りの中、レイキの力に目覚められたことは奇跡です。

しかし、その力を自分だけのものに留めず、他者への貢献に向けられたことに僕は大きな奇跡を感じます。

なぜ、これができたのか。

そこにはメンターである師の存在があったと思います。

「答え」そのものではなく、「課題や方向性」を端的に示してくれる。

そんなメンターと一緒にいたからこそ、命題についてもっとも深い解答を得ることができたのです。そしてもっとも深い解答を得たからこそ、それをもって貢献することに躊躇がなかったのでしょう。

③自分を超える人が現われることを前提にする教育

この臼井先生の持つ謙虚さや誠実さは、臼井靈氣療法学会の設立後も変わることはありませんでした。

臼井靈氣療法学会は、6等を入門として1等まで、6つの等級が用意されていました。

しかし臼井先生はなんと1等を空位にされ、ご自身を2等とされたのです。

そしてご自身を「開祖」ではなく「肇祖《ちょうそ》」（新たに始めた人）とされました。

いずれも、あとから自分を超える人材が現われることを願ったものです。

僕は教育者としてこの事実に本当に大きな影響を受けました。

必ず自分を超える人材が出ることを前提に、システムの中に「真空」の部分を用意しておく

臼井甕男先生

こと。


自分からしか学びの本質を伝えられないような仕組みにしないこと。

とても先進的な考え方です。

そして指導者としては、とても勇氣のいることです。


僕はここに臼井先生の深い愛を感じました。

それは親が子どもの成長を望み、自分を超えることを喜ぶ姿に似ています。

スポーツも記録の塗り替えが起こるからこそ、発展していくのです。

以後、僕はレイキ以外のオリジナル講座を作る時も、この思想を根本に置き、必ず講師養成講座を設け、自分の分身以上の存在を作ることを心がけてきました。

これにより一番成長できたのは僕自身でした。

3 【奇跡2】アチューンメントが確立され、かつ伝承されたこと

大正12(1923)年9月1日、関東大震災が発生します。

この中で、臼井先生は命をかけて救護活動を行われます。

両手はおろか、両足も両目も使い、霊氣療法を行われたのです。

しかし、1人で助られる人数には限界があります。

そこで、臼井先生は、自分のように霊氣が使える人を養成するために霊授(今のアチューンメント)の方法を確立されました。

この霊授によりレイキは一氣に拡大していきます。

大正14(1925)年2月には、中野に新築の道場を建設。全国からも招聘を受け、全国60の支部を有し、直接の門下生は2000名を超えたそうです。

いつしか臼井先生は「手当療法の中興の祖」とも呼ばれるようになりました。

さらに大正15（1926）年1月16日には、19名の優秀な門弟に霊授の方法そのものを伝え、師範の資格を与え、各支部の霊授を任せました。

それからわずか52日後の3月9日。

臼井先生は広島県の福山で脳溢血で他界されました。62歳でした。


臼井先生がレイキと出会ったのは、晩年のわずか4年ほどだとされています。まさに疾風怒濤《しっぷうどとう》の大活躍でした。

そして、臼井先生は息を引き取る前に、このような言葉を残されています。


「後継者の備えあれば憂《うれ》いなし」

そのために臼井先生は具体的には2つの施策をとりました。

（1）誰でも臼井先生のように宇宙エネルギーを使えるようにする霊授の方法を編み出された。

（2）さらに（1）の方法自体が伝授されることで臼井先生でなくてもレイキのエネルギーを流せるヒーラーを育成できるようにされた。

この2つのおかげで、今日も僕らはレイキがある世界に生きていられるのです。

おそらくこうした方法が確立されぬ間に創始者が他界し、失われた手法は数多くあったと思います

人を救うことは素晴らしい。

でも人を救う人を育てることは、さらに価値のあることなのです。

4　【奇跡3】レイキがハワイに渡り、そこから世界に広がったこと

1935年、ハワヨ・タカタさんというハワイ生まれの日系人の方が、来日します。

目的は母国での療養のためでした。

その時の彼女は、子宮筋腫に胆石、ぜんそく、さらに心臓や胃の状態も悪化していました。

まさに満身創痍《まんしんそうい》。

しかし、医者の紹介で、臼井先生のお弟子さんであった林忠次郎先生のレイキ治療を受けることになりました。

そして4ヶ月後。回復の具合は驚くほどでした。

子宮筋腫は跡形もなくなり、胆石は解け、長年悩まされたぜんそくからも解放されたのです。

タカタさんはぜひレイキをアメリカに持ち帰りたいと懇願されました。

最初は国際情勢を理由に断られたものの、後に許され、修行を開始されます。

そして、1940年にはアチューンメントの手法を取得されます。

タカタさんはその後ハワイでヒーリングを開始し、80歳まで健康に生涯を送られました。

かつての満身創痍の状態からは想像できないことです。

そして晩年には、22名のレイキ・ティーチャー（指導者）を育成しました。

この22名の先生方から始まるレイキの輪が世界に広がり、現在は、121ヶ国500万人以上の方が実践するようになったのです。

5 臼井先生が残された2つの鍵

俳人・松尾芭蕉は、こんな言葉を残しています。

「**古人の跡を求めず、古人の求めしところを求めよ**」

先人の偉業をそのままなぞるだけでなく、先人が理想としていたものを目指そうという教えです。

わずか4年間の活動の中で、臼井先生は何を見つめていらっしゃったのか。

日本におけるレイキは、戦前は海軍など、日本の上層階級からも大きな支持を得ました。

臼井先生の後継者の先生方の中には、

牛田従三郎先生（海軍少将【1865〜1935】）

武富咸一《かんいち》先生（海軍少将【1878〜1960・12・6】）

和波豊一《ほういち》先生（海軍中将【1883〜1975・1・2】）

といった先生方が並んでいるところからも、それが窺《うかが》えます。

昭和初期には分派独立した先生方の影響力も加えると、信奉者100万人以上の規模に拡大したとされています（足助次郎著『手当療法』昭和55年版ヴォルテックス復刻より）。

しかしそれが、終戦後はGHQ（連合国軍最高司令官総司令部）などの目を避けたこともあり、目立たぬように受け継がれ、日本からはレイキの灯は一般には消えかけようとしていました。

臼井先生については「靈氣療法必携」など、ごく限られた資料しか現存しません。

そんな状況の中で、臼井先生の描いていた理想を垣間みるにはどうすればいいのでしょうか？


僕は２つの鍵があると考えます。

１つは、臼井先生が悟られた「宇宙即我」「我即宇宙」という言葉です。


この壮大な大宇宙と自分の中にある小宇宙は境目なくつながっているという意味です。

臼井先生は、極限状態の中で自分の小さい宇宙を捨てさった瞬間、実は大きな宇宙とつながっていたことに氣づかれたのです。

「人間には無限の可能性がある」

その言葉を本当の意味で実感されたのです。


もう１つは、「招福の秘法・万病の霊薬」という言葉です。

「五戒の書」とも呼ばれ、臼井先生が、お弟子さんに授けた日常の指針です。

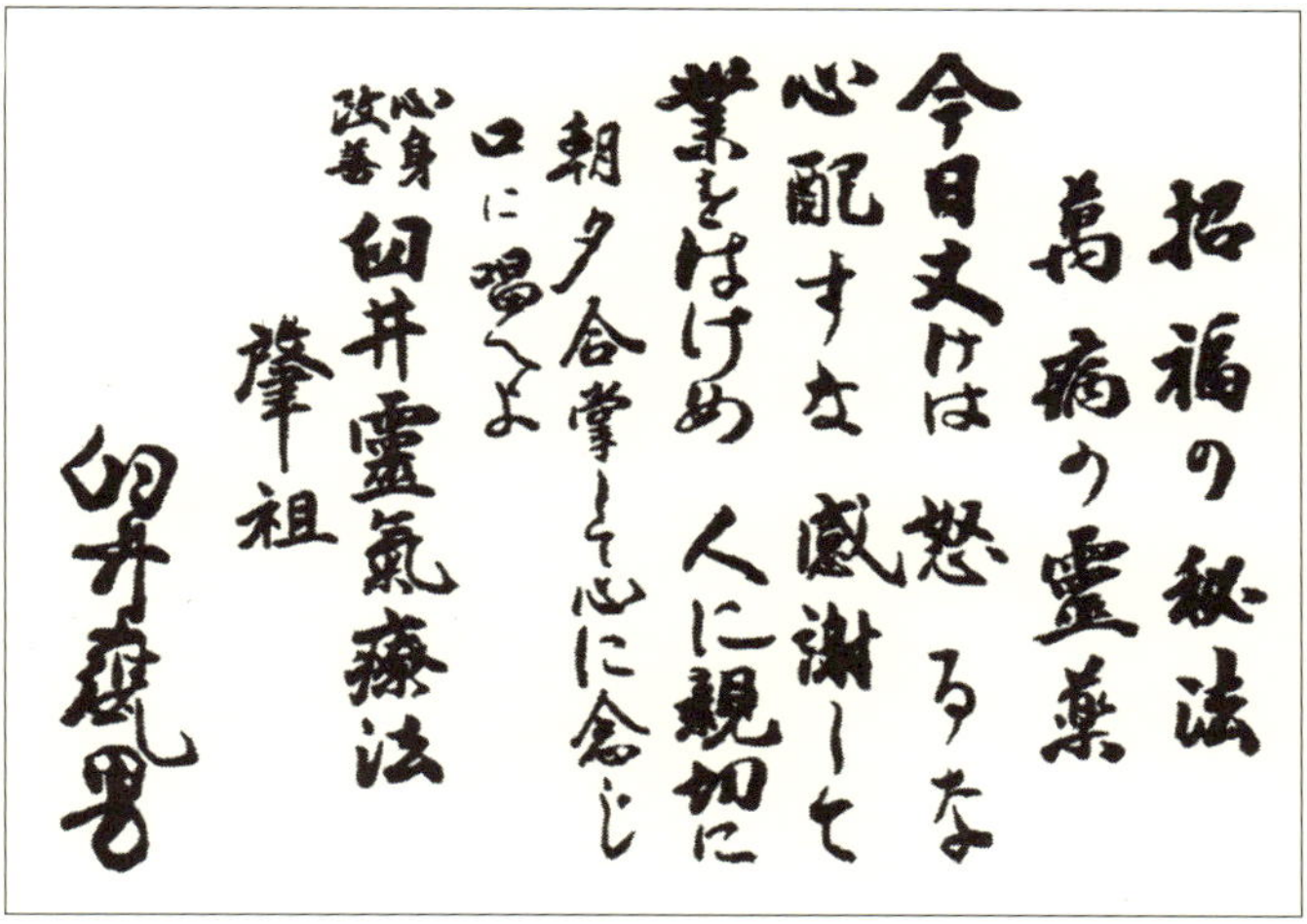

招福の秘法
萬病の靈薬
今日丈けは　怒るな
心配すな　感謝して
業をはげめ　人に親切に
朝夕合掌して心に念じ
口に唱へよ
心身改善　臼井靈氣療法
肇祖
臼井甕男

6 本当に求めているものは「日常」の中にある

そこに書かれていたのは、決して理解できないような難しいことではありません。

しかし、とっても大切なことが見事にまとめられています。

日常を大切にすることが心の修養、仕事、人間関係、感情の安定となり、幸せと健康につながるということです。

そして、今日1日の生を大事にして生きていこうということです。

それは、僕が見失っていたことでした。


僕はひたすら仕事をしてきた人間でした。

そのための能力開発は惜しみませんでした。

そんな僕を待っていたのは、どん底でした。

レイキに出会いヒーリングを通して、初めて人生の中で立ち止まることができました。

その時、僕の脳裏に浮かんだのは「仕事」ではなく、最愛の妻と子どもの姿でした。

自分は本当は何が欲しかったのか。

何のために生きてきたのか。

僕はそこに初めて氣づくことができました。

7 レイキはもっとも優しく「愛」を教えてくれる

「大切な人とのつながり」

これこそが、僕が本当に求めていたことでした。

なぜ10代の頃から、能力開発に熱中してきたのか。

それは本当は、父親や母親にもっと認められ、愛してほしかったからです。

なぜ無理な不動産投資や起業に走ったのか。

それは本当は、妻にもっと愛を示したかったからです。


僕はつくづく無知でした。

遠まわりせず純粋に愛を伝える方法も知りませんでした。

ありのままの自分に向けられた愛に氣づく方法も知りませんでした。

レイキはそれを教えてくれました。

ただアチューンメントを受けるだけで……、ただ癒しの手を自分や相手に当てるだけで自分の中の愛を思い出し伝えることができるのです。

それがつながった時、ある言葉が降ってきました。

8 「一家に1人、レイキ・ヒーラー」「一家に1人、レイキ・ティーチャー」

それはこんなシンプルな言葉でした。


「一家に1人、レイキ・ヒーラー」

「一家に1人、レイキ・ティーチャー」


もし、各家庭に愛をもって癒せる人がいれば、どれほど素晴らしいことでしょうか！

さらに、愛をもって癒せる人を育める人がいれば、どれほど素晴らしいことでしょうか！

その先にはこんな世界が待っているはずです。

□ **より有効に医療費が使われ、社会的負担が激減している。**

☐ **社会に調和が生まれ、資源の使い方が地球・自分・共同体に優しいものになっている。**

☐ **癒しが家族の絆を深め、親子または子ども同士の争いがなくなっている。**

☐ **自殺率が世界一高い日本の青少年がイキイキ・ワクワク生きる社会を実現している。**

僕自身の中で、大きな指針が生まれた瞬間でした。

9 学びは階段式がいい理由

指針が決まれば、それにそってレイキの学びを作っていけばいいだけです。

まず考えるべきは、「何を教えるか？」です。

この点は幸いなことに、すでに有力な学習モデルが存在していました。

レイキを1～4の4段階に分けて、段階に応じたエネルギーを伝授していくモデルです。

僕もこのモデルを採用しました。
このような階段（ステップ）式カリキュラムは、よい点がたくさんあります。
受講生側からすれば、今どれくらい学んでいるかが明確にわかります。
講師側からすれば、受講生にさらなる学習の継続を自然にすすめることができます。
つまりビジネス的にも最適なモデルなのです。
この学習モデルは、25年たった現在でも使用されているほど優れたものです。

では、それはどんなものなのでしょうか？
それぞれの段階の概要をシンボル・マントラの解説とともにお伝えします。

10 レイキ1（1日完結　標準受講時間7時間）

4回のアチューンメントを通してレイキの回路が初めて開かれる段階です。
それによりあなたは一生失うことのない「癒しの手」を持つことができます。
ここでは肉体面の癒しを対象とし、「手の届く範囲」での活用法を学びます。
この日から自分にも周囲の方にもヒーリングをすることができます。

11 レイキ2（1日完結　標準受講時間7時間）

①講座の概要

レイキ1で身につけた基礎を元にさらにレイキの可能性を広げる段階です。肉体のみならず精神面・感情面での癒しも対象とし、「日常生活全般」での活用法を学びます。手を当てる範囲に留まらない、遠隔による離れた対象へのヒーリングもできるようになります。ヒーリングのエネルギーは、レイキ1の2倍になると言われています。

②シンボル・マントラとは？

ここから「シンボル」と「マントラ」が登場します。

「シンボル」とは、記号または図形を用いて特定のエネルギーを呼び出すためのツールです。

「マントラ」とは、音によって特定のエネルギーを集めたり動かしたりするための秘密の言葉です。

レイキ2では、次の3つの「シンボル」について、それぞれ1回ずつ合計3回のアチューンメントを行います。

③第1シンボルについて（パワーアップ・浄化のシンボル）

主に物質面・肉体面に作用するシンボルです。

対象のエネルギーを高めたり、長持ちさせる効果があります。

活用範囲に制限はなく、あなたの望むものを対象にすることができます。

またエネルギーを浄化する「毒消し」の効果もあります。

④第2シンボルについて（ハーモニー・協調のシンボル）

主に感情面・精神面に作用するシンボルです。

不安や恐れなどネガティブな感情は、自分を守るための大切な感情です。

しかし過剰に感じすぎると必要な行動までとれなくなってしまいます。

第2シンボルはそんな感情をバランスよく調和し、本来のあなた自身に戻すお手伝いをします。

赤面症、先端恐怖症、高所恐怖症など「症」のつく状態を緩和するのに有効です。

⑤第3シンボルについて（遠隔ヒーリングのシンボル）

目の前にいる人ではなく、時間や空間を超えて、癒しのエネルギーを送ることができます。

また過去や未来にもエネルギーを送ることができます。

したがって過去のカルマの解消や未来の願望達成にも役立ちます。

非常に応用範囲の広いシンボルです。

12 レイキ3（1日完結　標準受講時間7時間）

①講座の概要

レイキ1・2で学んだレイキの基礎能力を飛躍的に伸ばす高次元のエネルギーを伝授します。レイキの中では最高次元のエネルギーです。

②第4シンボルについて

レイキ3では、第4シンボルのアチューンメントを3回行います。第4シンボルは別名「マスター・シンボル」または「臼井マスター・シンボル」といいます。

高次元の意識、ハイヤー・セルフ、光、悟りの状態につながることができ、日常でもあなたを導いてくれます。

その結果、円滑現象（物事がトラブルなく通常よりスムーズに進むこと）が起きやすくなります。

他にも覚醒や意識向上が起き、あなたの奥底にある魂（本来のあなた自身）を成長させることができます。

レイキ2で学んだ3つのシンボルの効果を強化することもできます。本当の意味でレイキを縦横無尽に使いこなせるレベルに至ることができます。

13 レイキ4（1日完結　標準受講時間7時間）

①レイキに卒業はない

レイキ3では、最高次元のエネルギーのシンボル・マントラを学びます。
ここまでで、4つのシンボル・マントラすべてを習ったことになります。
人によっては、ここでレイキをマスターしたと思われ、「卒業」していく方もいます。
しかし、断言します。
レイキに「卒業」はありません。
レイキは学べば学ぶほど、実践すれば実践するほど、さらに活用してみたくなる。
そして一生涯価値を持ち続ける無形の財産となる。
僕は、そう思っていただける講座を目指してきました。

②レイキ4は「レイキを仕事にする人」限定のものではない

レイキ4では、アチューンメントの方法そのものを学びます。

人のエネルギーの回路を開き、レイキ・ヒーラーを育てることができるようになるのです。

もっともこんな意見もあるかもしれません。

「私は別にレイキを仕事にする氣はありません。普通に使えるだけで十分です」

たしかに、レイキ4を修了されると「レイキ・ティーチャー」「レイキ・マスター」の称号が授与されます。

そして、レイキは学べば学んだところまでの能力で十分快適な日常に向けて活用することができます。

しかし、僕はあえて言いたい。

レイキの本当の素晴らしさや価値は、レイキ4を学び、アチューンメントをする側になって初めて氣づくものだと。

この点は、レイキのエネルギーを「水の一生」でたとえてみましょう。

レイキ1を学ぶと、エネルギーの「泉」が湧きだします。

レイキ2を学ぶと、今度はそれが動きを持ち、「川」として流れ出します。

レイキ3を学ぶと、その流れは深く広い豊饒な「海」に至ります。


ではその先は何でしょうか？


レイキ4では、今度は地上を潤す「雨」になります。

「泉」や「川」や「海」に、その源である「水」を与える側に立場を変えるのです。

それを通して、それまで受け取ってきたものを次元の違う場所から俯瞰することができるようになります。

それにより、自分の持っているエネルギーの本当の価値を初めて理解することができるのです。

だからこそ、僕はレイキを学ぶ方にはそれぞれのタイミングでいつの日か、レイキ4を学ばれる日が来ることを願っています。

14 まず「何を教えないか」を決める

次の課題は「どのように教えるか？」です。

僕は逆に、まず「教えない」ことから考えました。

レイキは柔軟で創造性豊かなものです。

とはいえ、わずかですが推奨されないこともあります。

その点については、今日まで守り続けています。

（1）アチューンメントをしている姿を部外者には見せないこと

（2）シンボル・マントラについては、それを学ぶ者以外には公開しないこと

（3）必ずティーチャーと受講生が直接対面して、1対1でアチューンメントを行うこと（遠隔によるアチューンメントはしないこと）

現在は情報社会です。

たとえよかれと思って情報を公開したとしても、それが伝言ゲームのように伝わり、誤った情報が定着する恐れがあります。

それによりレイキの価値が下がったり、きちんと学びたい方の学習機会をなくすのは残念なことだと思います。

15 ただ楽しんでいたら身についていた、を目指して

先ほど僕は「何を学ぶか」については、「ステップ（階段）」があるのが望ましいと言いました。

しかし「どのように伝えるか?」については、むしろ「スロープ（緩やかな傾斜）」をイメージしました。

「ただ楽しんでいたら、最後には身についていた」
「努力した感覚がなく、いつのまにかできていた」
「とりあえず参加したら、想像しなかった効果が出た」
「氣がついたら、周りからすごいと言われていた」

そんな感想をいただけるような講座にしたい。
そのため僕は、世界中の学習理論や学び方を研究しました。
その結果、わかったことがありました。

16 学びの極意は、「する（DO）」前に「なってしまう（BE）」こと

通常、僕らは次のような順で教わってきました。

【ステップ1】DO（とりあえず行動・実践をする）
【ステップ2】HAVE（やがて何か成果が出る）
【ステップ3】BE（成果から能力が身についたと確信する）

しかし、加速的に成果を出す方はこんな順番で学んでいるのです。

【ステップ1】BE（自分の在り方・意識の持ち方のレベルで、すでに成果を出した状態になってしまう）
【ステップ2】DO（その状態から成果に向けて行動する）
【ステップ3】HAVE（その結果、スムーズに成果を手に入れる）

いわば、「する（DO）」前に「なってしまう（BE）」のが、何かを学ぶ時の極意なのです。


この点に注目してレイキを見るとその完成度に驚きます。

なにしろ、長年の修行の果てにレイキの力が手に入るわけではありません（DO）。

アチューンメントというプロセスを経れば、誰でもレイキを使える状態になれるのです（BE）。

世界121ヶ国でレイキが広まった最大の理由がここにあります。

僕はこれを踏まえ、研究を重ねました。

その結果、次の3ステップにまとまりました。

【ステップ1】アチューンメントを通して、レイキの回路を開く
【ステップ2】ワークを通して、レイキの効果を体感してもらう
【ステップ3】レイキの実践を通して、無限の可能性を探求する

1つ1つ解説していきましょう。

17 【ステップ1】アチューンメントを通して、レイキの回路を開く

①レイキの本質「アチューンメント」

これまで何度もアチューンメントという言葉が出てきましたが、ここで改めて説明いたします。

それほどアチューンメントは大切なものであり、レイキの本質でもあります。外すことのできない【ステップ1】です。

レイキは、漢字で「霊氣」と書きます。「霊」の字の語源をたどれば、レイキとは「宇宙エネルギーの中でも、もっとも神々しい最高次元のエネルギー」を示します。

では、宇宙エネルギーとは何でしょうか？
わかりやすいのが、太陽のエネルギーです。
太陽からは光と熱のエネルギーが降り注いできます。
これは地球の全生物の生命活動を支えています。
レイキのエネルギーの源も「光」とされています。

光の研究は、古代ギリシアの時代から行われてきたといわれています。
近年、光は電磁波の一種であると考えられています。

ところで、同じ電磁波の仲間に「電波」があります。

携帯電話、ＴＶ、ラジオ、無線ＬＡＮ……僕らは日々電波を活用して暮らしています。

でも考えれば不思議なことですよね。

なぜ僕らは見えない電波を確実にとらえて、しかも自由に使いこなせているのでしょうか？

それは、「アンテナ」という電波の出入り口を持っているからです。

これにより空間の電波をキャッチしたり、逆に空間に電波を放射したりできるのです。


アチューンメントとは、いわばあなたの中に、宇宙エネルギーの出入り口となるアンテナを設置することです。

それにより今の自分と宇宙エネルギーを同調（チューニング）させることができるのです。

このイメージから次の説明ができます。

（１）アンテナを設置した以上、今後はあなたが使おうと思えば、自由に宇宙エネルギーを流すことができます。

（2）逆に使おうと思わなければ、宇宙エネルギーは流れません。もっとも、アンテナが立っている以上、またいつでも使うことができます。

（3）アンテナの設置はプロの電氣工事業者さんにお願いするのが普通です。アチューンメントも資格を持ったレイキ・ティーチャーが行います。それにより安全性や確実性が担保されます。さらに短時間で成果が出せます。アチューンメントの時間は、1回あたりわずか10分です。

②アチューンメントは「確信」を伝授している

とはいえ、こんな疑問があるかもしれません。

「なぜ、たった10分のアチューンメントでレイキが使えるようになるのですか？」

「なぜ、たった4日（レイキ1・2・3・4各1日）で、レイキ・ティーチャーとしてアチューンメントができるのですか？」

この点については、僕が長年考えてきた答えがあります。
臼井先生は、鞍馬山で「我即宇宙」「宇宙即我」ということを悟られました。
レイキにおいては、この「自分と宇宙はつながっていて、いつでも無限の宇宙エネルギーを受け取れる」という確信がもっとも大切なことなのです。

この確信が宇宙エネルギーを受け取るアンテナを立て、あなたに「癒しの手」をもたらします。

アチューンメントには、レイキ4で学ぶ厳格な手順があります。

その手順を通して、レイキ・ティーチャーは自分の確信をさらに深めます。そして、深めた確信を、そのまま受講生に移してあげます。

これにより受講生は、深い確信のもと宇宙エネルギーを受け取れるようになり、レイキのエネルギーを流せる状態になる（BE）のです。

そこでは、レイキ・ティーチャーの１００％与える姿勢と受講生の１００％受け取る姿勢が大切です。

「今この人のために最大限の愛を注ぎ込む」という姿勢を、アチューンメントで10分程度貫くことで完成するのです。

③成功に必要な資源はすべての人に降り注いでいる

太陽が万人を照らすように、宇宙エネルギーは地球上すべての人が平等に享受しています。

ただそれを活用できるか否かで、能力や成果に開きが出てしまっているだけです。

しかし、アチューンメントを受けることで、確実に宇宙エネルギーをキャッチできるようになります。そして、今のあなたに必要な資源に変換することができます。

ある時は「創造性」に、ある時は「愛」に、またある時は「やすらぎ」に。

その中であなたは、いつのまにか忘れていた、あなた自身の無限の可能性を思い出します。

まるで子どもの頃のように、世界に「希望」と「夢」を見出すことができます。

④レイキは「豊かさ」の技術でもある

レイキを通して受け取る資源は他にもたくさんあります。
その1つが「アイデア」です。
僕も数えきれないほどその恩恵を受けてきました。

よくこんな言葉を聞きませんか？

「アイデアがおりてきた」
「アイデアが降ってきた」

どうやらアイデアは宇宙にあるようです。
そして誰かが閃《ひらめ》くのを待っているのです。

こんな面白い話があります。

電話は1876年、グラハム・ベルにより発明されました。

しかし、ベルが特許申請してからわずか2時間半後に遅れて申請しようとした人がいます。

イライシャ・グレイさんといいます。

話はここで終わりません。

実は、ベルが申請する1ヶ月前に電話の発明を特許申請していた人がいました。

それがあの発明王トーマス・エジソンなのです（もっとも不運にも書類の不備で却下されていました）。

アイデアはよくこのような「競争」を生みます。

この競争で、ライバルより1歩リードできればいいと思いませんか？

あるいはアイデアは「共感」を生みます。

「あっ、これが欲しかった！」

「そうそう、私もそうだったの！」

人はあるアイデアを「自分ごと」に感じた瞬間、そのアイデアに協力したり、お金を出してくれたりします。そんなアイデアにいち早く出会いたいと思いませんか？

レイキはそんなあなたの力になれます。

レイキを通して、エネルギーのレベルで望むアイデアとつながることができます。

その結果、普段では想像もしなかったであろうアイデアが降ってくるのです。

僕の「育児休暇取得」もその１つでした。

この点は「音叉《おんさ》」をイメージしてみてください。

片方の音叉を鳴らすと、空間を隔てて、そのエネルギーが伝播《でんぱ》します。

その結果、離れた場所にある別の音叉も鳴るのです。

これを「共鳴」といいます。

ただしこれには条件があります。

共鳴が起きるには、2つの音叉の固有振動数が同じでなければなりません。

レイキはいわば、あなた自身の振動数をアイデアと同じ振動数に底上げして共鳴を起こしているのです。


アイデアの質が人生の質を決めます。

特に今はクラウドファンディングなど、アイデアを「語る」だけで価値が生まれる時代です。


レイキは実は「豊かさ」の技術でもあるのです。

18 【ステップ2】ワークを通して、レイキの効果を体感してもらう

①「学んだけど、結局使っていない」をなくすために

「でも、これで本当にレイキが使えるようになったんですか？」

アチューンメントを受けた受講生の方が心の中で感じることです。

もちろんレイキ・ティーチャーの方はおっしゃるでしょう。

「もうあなたはレイキの力がありますよ。大丈夫ですよ」と。

しかしそれを確かめる機会がなければ、単なるお世辞に聞こえ、自分の力を信じることもできないでしょう。

だから日常に戻ってもレイキを使うことはない。

そしていつしか、「自分はレイキは使えないんだ」「自分はレイキの力が消えたんだ」と思っ

てしまう。とても悲しいですが、実際にあることです。

でもこれはレイキの学びばかりではありません。

「手法を学んだけど、結局使っていない」

残念ながら能力開発や自己啓発の世界でも聞かれる言葉です。

【ステップ2】は、それを防ぐためにあります。

②人生を変える学びには「体感」が必要

僕は、ずっと「人生が劇的に変わる」学びを追求してきました。

人生が変わるとはどういうことでしょうか。
それは**「その人の五感からのアウトプットが変わること」**です。

「その人の話す内容の価値が変わる」

「その人の見る世界の広さや時間軸の長さが変わる」

「その人の聞く情報の価値が変わる」

「その人の触れる世界の繊細さが変わる」

「その人の嗅ぎ取れる感覚や感性が変わる」


そのためには、**「五感を通して『体感』で学ぶ」**必要があります。

身につけたレイキの力をその場で使っていただき、効果を確かめていただく。

そんなワークをたくさん考える必要があります。

そして、それは僕の大好きなことでした。

あたかもエンターテイメントのシナリオを描くように、受講生の方に驚きと感激を与えるのは何よりも喜びでした。

このワークにおいて、僕が心がけていたことは2つあります。

(1) その場で変化が出て、体感が出ること
(2) 相互にヒーリングをすることで相手の喜びの声を通して自分の力を確信する仕組みにしたこと

現在、講師の廣野慎一は、さらに氣功の要素も取り入れた楽しいワークを、いくつも考案しています。

③前代未聞の返金保証制度を導入した理由

僕はこの体感を本当に大切にしてきました。

そのため、こんな前代未聞の制度を提唱しました。

「もしレイキ1・2を受講していただき、受講日から30日間、レイキを実践され、効果が感じられなかったら受講料をお返しします」

この返金保証制度は、僕自身の覚悟の表れでした。

レイキは目に見えない世界を扱います。

コンテンツの信用の前に僕自身の信頼が試されます。

だからこそ、使ったのに効果が感じられなかったということは、せっかくいただいた信頼を無にしてしまうということです。

僕はそうした方からは対価をいただくことはフェアではないと思っていました。

実は経済的に綺麗事を言っている場合ではない時に、この仕組みをスタートしました。

でも僕は、耳の痛い意見を聞けない「裸の王様」にはなりたくなかった。

特にこうした精神世界の分野では、人格者だった指導者がイエスマンに囲まれるうちに豹変する様子を何度も観てきました。

「僕が間違っていたらいつでも言ってくれ」と友人にはお願いしていました。

25年たった今でも、この返金（満足）保証制度は継続しています。

これは僕らを成長させてくれた仕組みとなりました。

19 【ステップ3】レイキの実践を通して、無限の可能性を探求する

①本当にレイキを役立てるための2つの条件

人は新しい力が身についたと実感できると、それを日常で使いたくなります。

ここからは受講生1人1人が、ご自身のレイキを追求していく段階です。

僕はレイキが本当にその方の人生に役立つには、次の2つの要素も不可欠だと思っています。

（1）その人自身が持つ本来のエネルギーを高めていること
（2）その人自身が今取り組んでいる勉強やライフワークに真剣に打ち込むこと

では具体的には何をすればいいのでしょうか？

②レイキは、人格の向上につながっている

1つ目は、「招福の秘法　万病の霊薬」の実践による人格の向上です。

レイキは座学よりも実習に力を入れていますが、「招福の秘法　万病の霊薬」については必ず解説し、臼井先生が残された想いを伝えています。

③目の前の現実を変える普遍の3つのキーワード

2つ目は、目の前の現実を変化させる要素を知ることです。

この点、今現在であればこんなたとえができます。

僕らは日々、インターネットを使っています。

これをレイキの学びに当てはめてみましょう。

（1）アチューンメントは、無限の可能性につながるインターネット回線の開通手続きをすることにたとえられます。

（2）シンボル・マントラは、無限の可能性により速くたどり着くための検索エンジン（Google、Yahoo!など）にたとえられます。

あなたは、検索エンジンを開くと何をしますか？
ウィンドウに適切なキーワードを入力しますよね。
では、僕らを無限の可能性を検索するキーワードとは何でしょうか？

次の3つです。

（1）「言葉」
（2）「イメージ」

（3）「行動」

実はこれらは古今東西を問わず、普遍的にいわれている原理原則です。

密教においては、「三密加持《さんみつかじ》」という言葉があります。

（1）口密

（2）意密

（3）身密

人間の「言葉（口）」「イメージ（意）」「身体（身）」によって行われる行為は、本質的には仏様に通じているという意味です。

また実践的な心理学である「NLP（神経言語プログラミング）」においては、次の3つも重視しています。

（1）A（Auditory）聴覚・言葉

（2）V（Visual）視覚・イメージ

（3）K（Kinesthetic）体感覚・行動

そして、この3つの道具はレイキにおいても、きちんと当てはまります。

（1）言葉　　↓　マントラ

（2）イメージ　↓　シンボル

（3）行動　　↓　手を当てること

この3つの道具を使うにあたっては、大切なことがあります。

それは、（1）言葉、（2）イメージ、（3）行動の3つを望む方向に合わせるということです。

そこで僕は、筋肉反射テストなどを使い、この原理を身をもって実感してもらうことにしています。

現在のヴォルテックスのカリキュラムには、すべてこの3つの要素が入っています。

④レイキの鍛錬は、「発想」の鍛錬

レイキは基本的には使い方に制限はありません。

あなたの日常のシーンに応じて、ほぼ無限の使い方ができます。


「こういう場合はどうなるんだろう？」

「ここで使ってみてはどうかな？」


そんな仮説をもって、検証していく。

その時に必要なのは発想力です。


発想力は、実は集団の中で育まれます。

仲間の参考事例を見たり、仲間からのフィードバックをもらうことで、今までにない発想が湧いてきます。

そこで僕は再び前代未聞の制度を提唱しました。
それは「レイキ再受講が何度でも無料」というものです。

定期的に学びに戻れる場所を持つ。
そして毎回違う仲間とともにレイキを学ぶ。

そこでは毎回、レイキの新しい側面に出会えます。
また初学者の方とともに学ぶことで、自分の成長を実感したり、逆に初心を取り戻すこともあるでしょう。

何より自分には素晴らしい力があるということを再認識されるのです。
こちらの制度も25年たった現在も継続しています。
僕自身の誇りの1つです。

20 最大のピンチと最大のチャンスは同時に来る

僕はこれらの発想を実践の中で試していきました。

お客様の反応もよく、自信を持ち始めていました。

しかし僕には、どうしてもやらなければならないことがありました。

それは、「レイキの価値をより幅広い人に知っていただくこと」。

つまり、「営業」です。


当時の文系大卒男子は、就職すると、多くは「営業職」を経験します。

僕もそうでした。

しかし、そこで僕が出会ったのは決して幸せとは言えない光景でした。

弁舌爽《さわ》やかで押しの強い営業マンが大手を振り、僕のような大人しい人間はひたすら肩身が狭い思いをしていました。

「手に受話器をテープで固定され、電話営業をし続ける」

そんなことが都市伝説ではなく存在した時代ですし、実際、体験しました。

ひたすら辛かった。

僕にできることと言えば、ひたすら下手《したて》に出て、相手に「使いやすい奴だ」と思ってもらうことでした。

しかし、起業したとなれば、それではいけません。

頭ではよくわかっていました。

しかし、体がどうしても動かない。

商品の値段の話になると途端に口ごもる。

「買ってください」「お求めになりませんか？」の一言が言えない。

なぜこんな体《てい》たらくだったのか？

当時の僕にはこんな罪悪感があったのです。

「お金をいただくことは、お客様からお金を奪うことだ」

だから1度めの独立は散々な結果で終わりました。

同じことを繰り返したくはありません。


その時、僕は最大のピンチの中にいました。

30代前半にして、6000万円の借金を抱え、しかも、妻と生まれたばかりの息子がいた。

でも、同時に最高のチャンスの中にいました。

「人間には無限の可能性がある」ことを、もっとも教えてくれるレイキに出会うことができました。「一家に1人レイキ・ティーチャー」「一家に1人レイキ・ヒーラー」という使命が見つかりました。

おまけに、天職である「講師」として24時間、エネルギーを注ぎ込める環境にいました。


もはや、やるしかない。

そう決めた瞬間、僕はワクワクしてきました。

そして、1歩を踏み出すことができました。

その先に待っていたものは、想像もしていなかった自分の才能でした。

それは一体何だったのか。
次章でお伝えしましょう。

第3章

レイキを広げるということ

1 人生は言葉の力で変わる

①答えは自分の中にしかない

僕には時間がありませんでした。
借金6000万円の中には、義理の父親に保証人になってもらったものもあります。
僕は起業後半年が勝負だと思っていました。
妻にも、そう誓いました。
とはいえ焦りの中、時間だけが過ぎていきます。
苦しみの中、ふと僕はこんなことを考えました。

「自分が人生を何で決めてきたか」

答えはすぐに出ました。

「本」でした。

能力開発・自己啓発の世界に僕を導いてくれた『成功への四つの公式』（J・ジョーンズ著）。情熱的な教育者になる夢を教えてくれた『世に棲む日日』（司馬遼太郎著）。初めての転職先を決めたのも、その会社の社長の著書に心を揺さぶられたからです。

②世界は「言葉」で創られていく

「本」は紙に書かれた無数の「言葉」に過ぎません。
しかし、その「言葉」は確実に人を動かします。
時にはその人の人生を変えていきます。

聖書にこんな記述があります。

「はじめに言葉ありき」

「すべてのものは、これによってできた。できたもののうち、一つとして言葉によらないものはなかった」

（『新約聖書　ヨハネの福音書』第1章第1節、第3節）

僕らは言葉を通して世界を共有しています。
僕らは言葉に影響されて人生を決めています。

それほど言葉は強力です。

どんなものでも言葉の力を借りれば、簡単に拡大・縮小（チャンクアップ・チャンクダウン）することができます。あるいは具体化や抽象化をすることを通して、より広くより多くの人に伝えることができます。

僕は心が熱くなってきました。

レイキは目に見えるものではありません。
形のあるものではありません。

だから「言葉」でしっかりと伝えることがまだできていないから、この素晴らしいレイキが日本では広がっていないのだ。

でも、「言葉」の力でいくらでも、その価値を伝えることができるのではないか？

言葉の力で商品をすすめている会社はたくさんあります。

「だったら、僕にもできるはず。
こんなにレイキが素晴らしいものだと体感しているのだから」

僕は「言葉の力」にかけてみることにしました。

2 2ページの連載から始まった言葉の冒険

①リスクを負った分だけ相手は動く

とはいえ、最初から出版はできません。
ブログもＳＮＳもない１９９０年代のことです。
個人の情報発信は至難の業《わざ》でした。

僕は思いきった作戦に出ました。

以前勤めていた会社は会員様向けの会報誌を発行していました。
なんとかそこに連載させてもらえないか！
僕は担当者に、こんな提案をしました。

「会報誌に2ページだけ掲載枠をいただけないでしょうか。

絶対にお客様は喜んでくれますよ。反響があって講座にお客様が来てくだされば、それはすべてあなたの功績です。結果が出なければ、それは僕の責任です。

セミナーの運営も僕がすべてやります。もちろん広告費もお支払いします」

実績はすべて担当者の方のもの。責任はすべて僕が背負う。

こんな姿勢が評価していただけたのでしょう。

掲載はあっさりと決まりました。

②「来ればわかるよ」では通じない

僕はまず2ページの枠をいただきました。

では、そこで何を伝えるか？

目に見えないレイキをどのように言葉にするか？

本当は「とにかく来ればわかるよ」で済ませたい。

しかし、それでは人の心は動きません。

掲載1回目。
僕が選んだテーマは、臼井先生の物語とレイキ1〜4の全体像でした。
とにかく興味を持ってもらいたかった。
そのためには適度な謎と神秘性が必要でした。

反響は驚くほどでした。
当時のレイキ講座の上限は10名でした。
そこになんと16人もの方が申し込まれたのです。
結果として、キャンセル待ちの方も含め30人近くになりました。
そのため初回にもかかわらず、追加開催が決まったのです。
僕は自分が選んだ方法に確信を持ちました。

③よさは自分から断言しない限り伝わらない

掲載2回目。
次は何を書けばいいか。
最初は講座の内容をレポートしようかと思いました。
しかし、それによってかえってレイキに興味を失う方が出るかもしれません。
それは勿体ない。

僕は考えました。
「人はなぜ商品やサービスを買うのか？」

僕がレイキを受講したのは、アトピーをなんとかしたかったからです。
逆に言えば、その理由が持てるまでは受講する氣はありませんでした。

僕は思いつきました。

「それならば、『レイキがなぜあなたに役立つか』を重点的に書いてみよう」

レイキは目に見えないものです。

僕の方から、その素晴らしさを確信を持って伝えなければ伝わりません。

その作業はやりがいのあるものでした。

僕がレイキから受け取ったこと、それは「人には誰でも無限の可能性がある」ということです。

この言葉を全身で理解し、人生を変えるのがレイキです。

あとは、このメッセージを相手に合わせて、何通りでも表現していけばいい。

そこで生まれたのが、「レイキの10大特徴」でした。

④レイキの10大特徴

特徴①［修行・訓練が不要］

誰でもアチューンメント（エネルギー伝授）を受ければ宇宙エネルギーのチャンネルとなり、自分にも他人にも流せるようになります。

特徴②［永久に力が失われない］

修行・訓練を怠っても、永久にそのパワーが失われることがありません。

またパワーが極端に落ちることもありません。

つまり、レイキ・ティーチャーからアチューンメントを受けて、一旦レイキを身につければ、「一生の財産」になるのです。

ある方は、「娘に嫁入り道具の1つとしてレイキを持たせてあげられます」と喜ばれていました。

特徴③［精神集中が不要］

ヒーリング（手を当て、癒す）中に強力な注意集中をしなくても大丈夫です。

ＴＶを見ながらでも、電車に乗っている時でも、スマホを見ている時でも、音楽鑑賞中でも構いません。そんな時でも、自分や他の人にきちんとエネルギーを送れるのです。

まさに「落ちこぼれなし」のテクニックです。

特徴④【自動調整機能がある】

レイキは、ヒーラーのエネルギーを分け与えるものではありません。

ヒーラーは、いわば宇宙エネルギーを流すパイプ役です。

したがって、ヒーラーはいくらヒーリングしても疲れることはありません。それどころか、ヒーリングをすればするほど自分にもエネルギーが入ってくるので、ますます元氣になれます。

また相手としても流れてきたエネルギーを、自分から自然に受け取る形になります。

よってエネルギーが必要か、それとももう十分かは、自分自身の身体が自動的に判断してくれるのです。

特徴⑤【邪氣（マイナス・エネルギー）の影響を受けにくい】

ヒーラーや治療家さんの中には治療中に、逆に自分が相手の邪氣を受けてつらくなる方がいます。またエネルギーに敏感な人の中には、波長が合わない人や具合の悪い人に触れたりすると、相手の影響を受けてしまうという人がいます。

しかし、レイキの光の性質は、あなたのエネルギーフィールドを守ってくれます。

リフレクソロジー（足裏マッサージ）のパイオニアであり最大手の、マキ フジタ リフレクソロジー・スクール様と提携して、セラピストのみなさんに5年余りレイキをお伝えしていました。

リフレクソロジーはお客様の「足裏」に施術します。「足裏」は特に邪氣が出やすい場所です。

それを1日に10人ほど施術するので、セラピストの方の負担は想像以上でした。

しかしレイキを学ばれた後は、それが軽減され、とても楽になったといわれました。

さらに普段の施術の手順を変えなくても、そこにレイキの宇宙エネルギーが流れるので、お客様からは「いつもと違うよね」と大いに喜ばれたそうです。

特徴⑥［遠隔ヒーリングが可能（レイキ2以上）］
レイキにはシンボル・マントラがあります。
これを活用することで、誰もが自分から離れた存在に対してエネルギーを送れるのです。
ここには空間的距離だけでなく、時間的距離も含まれます。つまり、あなたの過去にも未来にもエネルギーが送れるのです。未来の願望達成にも、過去のカルマ（因縁）の解消にも役立ちます。さらに感覚が研ぎ澄まされれば、今度は離れた存在からのエネルギーや情報をキャッチすることもできるようになります。

特徴⑦［他のテクニックと自然に併用できる］

他のテクニック（氣功、瞑想、ヒーリング、療法、能力開発、機器等）と併用でき、相乗効果も期待できます。

特徴⑧［レイキを信じる必要はない］

レイキは信じようが信じまいが、必要に応じてエネルギーが流れます。

動物や植物あるいは赤ちゃんといった信じることと無縁に近い存在にも、レイキは有効に働きかけます。獣医さんである受講生の方は、「動物のほうが人間より素直なのか、よくレイキが効果を上げますよ」と言ってくださいました。

またレイキはどのような宗教とも関係がありません。

だからこそ世界121ヶ国、あらゆる文化圏に広がったのです。

仮にあなたが何か特定の宗教や思想に関わっていても、それがレイキの作用を妨げることはありません。また、レイキがあなたの関わることの作用を阻害することもありません。

特徴⑨［本質を向上させる］

レイキはあなたが持っている素晴らしい本質を向上させます。レイキの入り口はさまざまです。健康法でも、能力開発法でも、開運法として興味を持っても構いません。そして効果があります。しかしその道は、すべて「悟り＝究極の幸せ」につながっています。

レイキを学び実践し続けることで、いつのまにかあなた自身の本来の素晴らしさが磨かれていくのです。

特徴⑩［目に見える効果が表れる］

効果例が豊富で具体的です。

本書の執筆にあたり、たくさんの修了生の方がご自身の体験を語ってくれました。その中から30を超える感動的なリアルストーリーを本書特典としてさしあげたいと思います（手に入れる方法は２６７ページをご覧ください）。

レイキの10大特徴

特徴①[修行・訓練が不要]

誰でもアチューンメント（エネルギー伝授）を受ければ、宇宙エネルギーのチャンネルとなる

特徴②[永久に力が失われない]

レイキは「一生の財産」

特徴③[精神集中が不要]

ヒーリング（手を当てて癒す）中に強力な注意集中が不要

特徴④[自動調整機能がある]

氣を入れたり、抜いたりする必要がない

特徴⑤[邪氣の影響（マイナス・エネルギー）を受けにくい]

エネルギーを流せば流すほど、エネルギーに溢れてくる

特徴⑥[遠隔ヒーリングが可能（レイキ２以上）]

時間・空間を超えた遠隔ヒーリングができる

特徴⑦[他のテクニックと自然に併用できる]

氣功、瞑想、ヒーリング、療法、能力開発、機器等と併用でき、相乗効果も期待できる

特徴⑧[レイキを信じる必要はない]

レイキは信じなくても、必要に応じてエネルギーが流れる(信仰不要。いかなる宗教ともレイキは関係ありません)

特徴⑨[本質を向上させる]

レイキはあなたが持っている素晴らしい本質を向上させる

特徴⑩[目に見える効果が表れる]

効果例、実例が具体的かつ豊富

⑤「修行・訓練不要」という衝撃

この10大特徴は、今現在のレイキ講座でもお伝えしています。

それほど明確に、言葉で確信を持って伝えることは力を生むのです。

2回めの記事の反響もまたすごいものでした。

特に「修行・訓練不要」という特徴が衝撃的だったようです。

結局、この連載を動線としたレイキ講座は、毎月満席になるほど好評をいただきました。

それは25年後の今も続くことになります。毎月、開催しているにもかかわらず、本当に有り難いことです。

3 「与えることは受け取ること」を証明した小冊子のプレゼント

①人は「先生」を求めている

僕は、さらに挑戦をすることになりました。

それは小冊子の作成です。

きっかけは、今や日本有数のベストセラー作家となった親友の本田健さんのすすめでした。

最初は戸惑ったのを憶えています。

当時小冊子といえば、大手銀行や証券会社などの大組織だけしか作っていませんでした。

とはいえ、健さんはビジネスとお金の専門家です。その言葉には説得力がありました。

セミナーは日程が合わなければ、行けません。

そんな方たちも手元に小冊子があれば、いつかタイミングが合う時に思い出して、来てくれるのです。

そして何よりも僕の心を動かしたのは、「小冊子があるだけでレイキの信頼性が高まる」という揺るぎない事実でした。

傲慢《ごうまん》なカリスマにはなりたくはない。しかし、自分が「権威ある先生」であることが、実は受講生の方の安心感につながるのではないか？

僕は作成を始めました。

②一番嫌いだった営業が一番大切なことを教えてくれた

僕はまずある雑誌に連載された記事を中心に、レイキの小冊子を作成しました。

主に「体験談」を載せました。

幸い、講座終了後にアンケートをとっていたのです。

また嬉しいことに日々たくさんのお礼状をいただいていました。

いわばお客様にお客様を導いてもらう方式です。

結果として、この小冊子も大反響をいただきました。

まずこちらから心を動かすオファーを提供する。その中で価値を感じた方にだけ、問い合わせてもらい商品を提案する。


「与えることは受け取ること」

僕の座右の銘の1つです。**しかしこの本当の意味に氣づいたのは、面白いことに一番嫌いだった営業の中だったのです。**

4 初の著書『癒しの手』が生まれた瞬間

①チャンスの扉は自分から開けていく

1994年3月に始まった会報誌の連載も1年たち、かなりの量になりました。

僕はいよいよそれを1つにまとめるタイミングが来たと思いました。

つまり「出版」したいと思いました。

ではどこの出版社から出してもらうか。

僕は1枚の名刺を見ていました。

それは、たま出版の創業者である瓜谷侑広《うりたにゆうこう》社長のものでした。

ご縁があったのは、ある講演会後の交流パーティでした。

その講演会は、稲盛和夫先生（京セラ創業者）、船井幸雄先生（当時、日本一といわれていた経営コンサルタント）、そして瓜谷社長という豪華な講師陣によるものでした。

名刺交換の折り、僕は将来、たま出版さんから出版したいと夢を語りました。

すると瓜谷社長は、言いました。

「それは楽しみだな。書けたら持っておいで」

半《なか》ば社交辞令であろうことはわかっていました。

でも僕はこのチャンスにかけました。

原稿がまとまると、僕はたま出版に電話をしました。

訝《いぶか》しがる秘書の方に僕は言いました。

「瓜谷社長から会いにくるようにと言われた望月です。お約束通り本を書き上げました。近くに通っているので、いつでも伺います」

少々強引でしたが、アポイントはとれました。

②最高の報酬は「恩返し」できたこと

面会当日、瓜谷社長とＴＶ出演も頻繁にされていてＵＦＯ研究家でもある韮澤潤一郎《にらさわじゅんいちろう》編集長（現・社長）と一緒に面談してくださいました。

２人はその場で原稿を読んでくださいました。

反応は上々でした。

「いいじゃないですか。素晴らしい本ですよ」

しかしその後、こんな言葉が続きました。

「ただねぇ、今は出版不況だから、どうしても今出版したいのならば『共同出版』という形にしましょう」

この後、間もなく、僕は言葉の真意がわかりました。

それは「自費出版」のすすめでした。

200万円ほどの経費を僕が負担することになる。その代わりに2000冊の本を手に入れることができる。その時の僕は、出版できるだけで嬉しいと感じました。

自分は本に救われた人間です。

そしてレイキに救われた人間です。

この出版で、1人でも氣づきを得られたり、レイキに出会い、人生が変わる人が生まれたら、本望です。

こうして、1995年7月7日、僕は出版契約に調印しました。

そうしてできたのが、この本の前身である『癒しの手』でした。

5 成功筋肉の存在を感じたレイキのメディア戦略

①夢実現は成功筋肉を鍛えてくれる

出版というのは僕の大きな夢でした。

しかし、その叶い方はまったく想像していたものとは違っていました。

僕はカウンセラーとして心理学の本を出すつもりでいました。

まさか「レイキ」の本を書くなんて、夢にも思っていませんでした。

出版の興奮が冷めやらぬうちに、僕の家には20箱（２０００冊）の段ボール箱が送られてきました。中身はすべて『癒しの手』。僕が販売しなければいけない分です。

しかし僕はすでに覚悟ができていました。

夢実現を通して「成功筋肉」がついていたのです。

いつのまにか行動的になっていました。

出版をしたことで、レイキについては、かなりの注目が集まってきました。

僕は、それまで愛読していた氣功や精神世界の雑誌の編集部に、こんなアプローチをしました。

「『癒しの手』という本を書いている望月といいます。以前より読者として学ばせていただいている者ですが、ちょうど近くに伺うもので、ご挨拶したいのですが、○日と○日のどちらがご都合がよろしいですか？」

「本」という言葉はインパクトがあったのでしょう。

比較的容易にアポイントはいただけました。そして次々と記事にしていただくことができました。

②「そんなあなただからこそ」と相手に言える自信

とはいえ僕は１つの懸念がありました。

「誰でも修行・訓練が不要で力が身につく」

これがレイキの大きな特徴です。

他方、氣功は積み重ねの修行を前提に体得していくものです。

この点で反発を受けることを恐れていました。

しかし、それは杞憂《きゆう》に終わりました。

氣功雑誌には、とても好意的に取り上げていただけたのです。

「他のテクニックと併用できる」という特徴がよかったのかもしれません。

しかし何よりも僕自身が氣功の愛好者で、能力開発のトレーニングが大好きだったことがあると思います。

だから、「そんな修行を積んできたあなただからこそ、レイキの価値をわかってもらえますよ」と自信を持って言えたのです。

１９９６年3月には著名な精神世界系雑誌の「ムー」にも、特集を組んでいただきました。

この反響は凄まじく、今でも覚えています。

その頃から、『癒しの手』は大型書店でも並ぶようになりました。

僕は東京・神田の書店街に通っては、平積みされたその姿を夢ではないか、と思いながらも幸せに眺めていました。

6 レイキは僕に豊かさの流れをもたらしてくれた

「与えることは、受け取ること」

レイキの普及を通して、僕がもっとも実感していたことです。

臼井先生はレイキの力をご自身のものだけにされず、多くの人と分かち合いました。

僕も微力ながら、「言葉」の力によりレイキを分かち合ってきました。

その結果として、当初では予想できなかった豊かさの流れに乗ることができました。

当初は10年くらいかけて返すつもりだった6000万円の借金は、起業1年でお返しできました。さらに2年目には、セミナールーム付きの3階建ての家を購入することができ、狭いながらも、そこでセミナーを開催するようになりました。

7 震災後のレイキへの復帰

①セミナーの学びは、会場のエネルギーで決まる

その後、他にも多くの講座を受け持つようになり、優秀な講師にも恵まれ、一時期、レイキ・セミナーを任せていました。

僕が再びレイキの講座に戻ったのは、2011年東日本大震災の後でした。

会社の体制が大きく変わり、講師は僕1人だけになったのです。

しかし僕はブランクを感じませんでした。
むしろ新しい挑戦にワクワクしていました。

レイキを離れた後、僕は自分の好奇心に従い、さまざまな試みをしました。「宝地図」という夢実現の講座に打ち込んでいました。フォトリーディングという速読やビジネスの講座も行っていました。
また、海外の一流講師のライブセミナーも体験しました。

その中で、僕はある大きなことに氣がつきました。
それは、「セミナーの学びは、会場のエネルギーによって変わる」ということです。

いかに学びの場のエネルギーを高めるか。

僕は以前にも増してセミナーの改善を行いました。
特に行ったのが「数値化」と「相互承認」です。

【ステップ1】

ワークをする前に今の自分の状態を数字1～10の間で表現してみる。

【ステップ2】

ワークの終了後にも同じく数値化し、その変化のギャップを確認する。

【ステップ3】

その変化をチーム同士で伝え合い、お互い承認し合うことで、自分の変化に強い確信を持ってもらう。


すると、セミナー会場はたちまち盛り上がります。

握手や拍手やハイタッチ、時にはハグも推奨し、まるでパーティ会場のような雰囲氣になります。

1対1の静謐《せいひつ》なアチューンメントはそのままに、ワークはできるだけ大人数で行い、エネルギーを高めました。

②最高のエネルギーは「感情」から生まれる

もっともエネルギーを生むものは何か。
僕はいつも考え続けていました。

僕のたどり着いた答えは「感情」でした。

レイキをお伝えする日々は、臼井先生と対話する日々でもあります。
自分は間違えていないか？
自分は道を外れていないか？
僕は「感情」と「エネルギー」についても、臼井先生の見解を知りたいと思いました。
ヒントになるのは、おなじみの「招福の秘法　万病の霊薬」（通称五戒の書）です。

「今日だけは　怒るな

心配すな　感謝して
業を励め　人に親切に
朝夕合掌して心に念じ
口に唱へよ」

僕は読み解く中で、その1語1語の深い意味を再認識することになります。

③「招福の秘法 万病の霊薬」（通称五戒の書）を再び読み解く

「今日だけは」

人はいつ死ぬかわかりません。
今日という日は実はかけがえのないものなのです。
だからこそまずは今日だけは、念を込めて生きてみよう。

臼井先生の優しさと厳しさが伝わる言葉です。

晩年にレイキに目覚められた臼井先生は命を削って普及に努められました。

その中で、常に感じていたのが「今日だけは」という言葉なのかもしれません。


「怒るな」

最初に出てきたのは、「怒り」というテーマです。

「怒り」ほど強力な感情はありません。

すべてを破壊しうる感情です。


しかし、「怒り」は実は「意欲」の裏返しなのです。

この点、ガンジーやキング牧師は民族差別・人種差別に渦巻く民衆の怒りを解放運動という建設的な運動に転化しました。そして歴史を変えました。

まずは「怒り」の感情を建設的な行動に向けていくことが大切なのです。


「心配すな（するな）」

「怒り」が自分の外に向けられたものならば「心配」は自分の中に向けられたものです。

いずれも強力な感情であり、僕らのエネルギーをたくさん奪っていきます。

「取り越し苦労」と「持ち越し苦労」。**僕らはこの2つの苦労によって、自分のエネルギーの90%近くを浪費しているのです。**

もしそのエネルギーのすべてを、目の前のチャレンジに100%注ぐことができたら驚くような未来が待っているはずです。

「怒り」と「心配」から解放されると、人は「愛」の感情を思い出してきます。

その思い出した「愛」の感情を周囲に向けると「感謝」に変わります。

「感謝して」

仏教に四恩という言葉があります。

「父母の恩」
「国の恩」
「師の恩」
「衆生の恩」

僕らの誰もが、この4つの恩を受けています。

だから常に、この恩に報い、感謝しようという教えです。
しかし、そのためには、まず先ほど見たような自分の内側の感情の解放が、どうしても必要なのです。

「業を励め」

さらに「愛」を目に見える形に変えていくことが学業であり、仕事です。
人生の豊かさは、成長の縦軸（自力）と貢献の横軸（他力）を掛け合わせた面積を比例すると僕は思っています。

「人に親切に」

多くの人が「与える」ことの大切さを説きます。
しかし本当に他人のことを思いやり、貢献するには、まず自分の中の感情を解放し、自分の軸を立て、本当の愛から来る感謝ができている状態でなければならないのです。

「朝夕合掌して心に念じ」

「口に唱へよ」

僕が素晴らしいと思うのは、この部分です。

単なる理想論や道徳訓ではなく、具体的に何をすればいいかを説いているのです。

「今日1日だけ、まずは朝夕合掌して、心に念じながら、この五戒の書を口に唱えてみる」

こうした1%の積み重ねが人生を変えます。

楽天の三木谷浩史社長はこんな言葉を残しています。

「たとえ毎日1%の改善でも、1年続ければ37倍になる。

1・01の365乗は37・78になるからだ」

そして、もし途中で挫《くじ》けそうになった時に助けになるのが、冒頭の「今日だけは」という言葉なのです。

本当に素晴らしい言葉は、読み手の成長に応じて徐々にその本質を見せてくれます。

僕は自信を持つとともに、これからも「招福の秘法 万病の霊薬」に恥じない生き方をしようと思いました。

8 初公開！ レイキに見る学びとエネルギーの7つの法則

この件もあって、僕はこの時期から、ある試みをしていました。
それは、「学びとエネルギーの関係を法則化する」ということです。
言語化するのは時間がかかりました。
しかし、今回の機会に公開したいと思います。
題して「レイキに見る学びとエネルギーの7つの法則」です。

【第1の法則】
集団のエネルギーは、卓越した個人のエネルギーを凌駕《りょうが》する

【第2の法則】
講師の成長意欲の分だけ、受講生の本来のエネルギーは引き出せる

【第3の法則】
エネルギーは、より与えるものがより多く受け取れる
【第4の法則】
エネルギーは、あなたが認めた瞬間から力を持ち始める
【第5の法則】
相手は本来100%のエネルギーを持っており、ヒーリングとはその状態を思い出してもらう行為である
【第6の法則】
エネルギーの回路は、開いた後のケアにより循環するエネルギー量が変わる
【第7の法則】
エネルギーは、楽しい場所でこそ育まれる

【第1の法則】
集団のエネルギーは、卓越した個人のエネルギーを凌駕する

ヴォルテックスのレイキセミナーの特徴は「集団」で行う点です。
これには理由があります。
最初は僕はマンツーマンでレイキの指導を行っていました。
しかしある時、こんなことがありました。
その当時は、アチューンメントは僕と友人の２人が講師として行っていました。
レイキ１であれば、１回10分で１人につき４回行います。
そのため最大の定員を10名様としていました。
ところが、当日16名の方が来てしまったのです。
その日僕ら２人は１日アチューンメント漬けでした。
ワークもあまりできず、講義も短めになりました。

お客様には満足していただいたものの、僕らには課題が残りました。

そこで、修了生の中から人間的魅力があり、かつ氣功法にも精通している2人の方に、アチューンメントの技法を個人的にお伝えし、講師になってもらいました。


2人の新人講師のデビューは1ヶ月後でした。

そこで僕は驚いたことがあります。

会場内のエネルギーがまったく違うのです。

カリキュラムは前回と同じです。

変わったところは、新人講師が2人加わり、それにより受け入れる受講生の数が増えた点だけ。

「参加される受講生の数を増やすことで会場全体のエネルギーが高まる」

あまりにもシンプルなアイデアです。

しかし、このアイデアは強力でした。

以後、僕はできるだけ多くの方に参加していただく仕組みを作りました。

前述の再受講無料・無制限の制度もその1つです。

さらに、条件付きですが他のスクールで学ばれた方の編入制度も作りました。


「結局、自分はレイキはできなかった」

「レイキを学んだけど、結局使っていない」

「レイキなんて大したことない」

そんな想いでいらした編入生の方々が集団のエネルギーの輪の中で、ご自身のレイキの価値を思い出される瞬間は本当に嬉しいものでした。

現在も、ヴォルテックスでは毎月新規の受講生と再受講の受講生を合わせて数十人の方が学びの場にいらっしゃいます。

そして、最大の学びを経験していただくため、次のような陣営のスタッフを組織しています。

（1）メイン・ティーチャー
→　全体をリードし、講義やワークを行う
（2）アチューンメント・ティーチャー

↓

数人の受講生のチームを持ち、
そのチーム内で1対1のアチューンメントを行い、
チーム内の学びをサポートする。

↓

(3)サポーター・ティーチャー
将来のレイキの普及活動に向けて、
実地で研鑽《けんさん》を積むためボランティアとして、
学びの場をサポートする。

↓

(4)ディレクター
会場の運営や受講生の学びの進捗《しんちょく》をサポートし、
学習の場を統括する。

このようにそれぞれが役割と責任を担うことで、「カリスマ講師」に頼らないでも、世界最高峰のセミナーができる仕組みにしているのです。

【第2の法則】

講師の成長意欲の分だけ、受講生の本来のエネルギーは引き出せる

講師の力量は、受講生の本来持つエネルギーをどれだけ引き出せたかで決まります。

そうするために、講師自身に本来の可能性と未来への希望を持っていただくことが「教育」だと思っています。

ここで大切なのは、自分の成長意欲を超えて受講生のエネルギーを引き出すことは難しいということです。

だから僕自身は今でもメンターを持ち、もっと成長したいという一心で学び続けています。

それにより僕自身も、まだまだ新しい可能性に氣づく毎日を送っています。

だからこそ、受講生の方の可能性と本来のエネルギーを引き出すことができるのです。

この点で、忘れられないエピソードがあります。

僕がまだ講師を始めたばかりの頃のことです。

教える自信がなかった僕はメンターにお伺いを立てました。

メンターの名前は山田孝男先生。

瞑想法の大家で、素晴らしい人格者でした。


僕はこう伺いました。

「僕はまだ悟っているわけではありません。

そんな人間が、瞑想を教えていいものでしょうか？」

先生は優しくおっしゃいました。

「そういう想いを持った方ならば大丈夫ですよ。

3日早く学んだ人は、3日分は教えることができます」

「もし、対応できない問題が出た時や、望月さんを超える人材が出てきたら、自分の先生のもとに紹介すればいいですから」

今、僕はこの言葉を若い人たちにも伝えています。

【第3の法則】

エネルギーは、より与えるものがより多く受け取れる

学びの場において、もっとも与える立場にいるのが「指導者」です。

そして、もっとも学んでいるのが「指導者」です。

人に指導して初めて、自分がわかっていないところや身についていないところがわかります。

自分の日常生活で、言行不一致な部分が身に沁《し》みます。

さらに受講生の忌憚《きたん》のない質問に、自分の確信がぐらつくこともあります。

しかし、それでも教え続けることで、恥じらいも後ろめたさも消えます。

そして、「確信する力」が身につきます。

この力が人の心を動かすのです。

だからこそ、ヴォルテックスではレイキを学び始めたすべての方に、レイキ・ティーチャー（レイキ４）になることをすすめています。
指導者を経験することはゴールでなく新しい学びのスタートなのです。

【第４の法則】
エネルギーは、あなたが認めた瞬間から力を持ち始める

レイキを通して、まず感じていただけるのは手の持つ力です。

自分の手にはこんな力があったのか！
自分の手でこんなことができるのか！

普段から氣にもとめなかった手の力を改めて実感し、認める体験ができます。

そしてここを入り口として、今度はあなた自身が持っている本来の可能性に徐々に氣づいていってもらうのがレイキの学びです。
そのために、自分の変化を数値化したり、お互いに変化を対話し合ったりして、氣づきを深めていくのです。

実はこの「氣づき、認める力」こそが成功者となる秘訣でもあります。

成功者は、自分にも他人にも敏感です。
少しのことでも氣づき認め、配慮することができます。
やがてその氣づきの数が多くなった状態を「人氣」者といいます。
人氣者は人の協力の中で望みを叶えやすくなります。

【第5の法則】
相手は本来100％のエネルギーを持っており、
ヒーリングとはその状態を思い出してもらう行為である

「元氣」という言葉があります。

氣分が上向きで最高の状態であることです。

でもなんで「元」の「氣」と書くのでしょうか？

それは、人間は本来１００％のエネルギーを持った最高の存在だからです。


優秀なカウンセラーは、クライアントの病んでいる今の姿ではなく、本来の最高の存在である部分に同調します。

その結果、クライアントにどんなに悲惨な過去があったとしても、その事実に流されることはありません。

むしろ、そんな過去を乗り越えて、ここまで来た強い魂の持ち主だと信じ、本人以上にその人の明るい未来を確信することができるのです。

その確信が、時にクライアントの奇跡的な回復をもたらします。

レイキは、アチューンメントを通して、宇宙があなたに与えた最高の状態に戻るための道を作り出します。

その道は一生消えることはありません。

【第6の法則】
エネルギーの回路は、開いた後のケアにより循環するエネルギー量が変わる

アチューンメントによって開かれたエネルギーの回路は一生失われることはありません。**しかし、パイプのように使っていないと詰まりが生じ、うまくエネルギーが流れないことはあります。**

そのためにアチューンメントを受けた後のヒーリングの習慣や日常的なレイキの実践によって詰まりをなくし、道を広げていくことが大切なのです。

またレイキ・ティーチャーになり、お互いにアチューンメントする仲間を作ることで、この詰まりを掃除することもできます。

だからこそヴォルテックスでは、無料無制限の再受講制度を用意しています。そして、すべ

ての方により一層、成長するためにレイキ・ティーチャーになることを推奨しているのです。

こうした定期的なケアを続けていくと流すエネルギーと受け取るエネルギーが両方とも増し、日常によい循環やシンクロニシティが起きやすくなります。

レイキではこれを「円滑現象」と呼んでいます。

【第7の法則】
エネルギーは、楽しい場所でこそ育まれる

エネルギーは楽しく笑顔にあふれた場所でこそ育まれます。

そのため僕らは、体感を重視したエンターテイメントのような講座を心がけています。

そこで大切しているのはギャップ（落差）です。

楽しさや感動は実はギャップ（落差）から生まれます。

ワークによる体感の変化もそうです。

アチューンメントによる想像もできなかったような氣づきもそうです。

何より「つまらい」「辛氣臭い」「難しい」と思われがちな学びの場がこんなに楽しいものだと思っていただけることが最高のギャップなのです。

9 レイキをさらに広げる同志を探す

①レイキの「その先へ」飛び立つ方法

何人かのメイン講師とレイキを普及してきた時もありましたが、震災後のヴォルテックスはメイン講師が僕1人だけとなりました。

そのため、全国を周ってレイキを教えていました。

全国でレイキを待っていてくださった方に会えるのは最高の喜びでした。やりがいもありました。

しかし僕は経営者でもあり、宝地図やエネルギー・マスターなど、他にも伝えたいセミナーがあり、著《あらわ》したい本も多数ありました。

このままの状態をずっと続けることは難しい。それではレイキの普及に時間がかかりすぎる。

僕は自分と一緒にレイキの講座をやってくれる人材を求めていました。


もう1つ理由がありました。

僕は、レイキの学びを富士登山にたとえています。

富士山は5合目まではバスで行けます。

さらにそこから頂上まではルートがあります。

レイキもアチューンメントを受ければ、誰でも使えるようになります。

そしてレイキ1～4の確立されたルートをたどっていけば、自然に身につけることができます。

しかし、頂上には、さらに無限の空が広がっています。

僕はそこに飛び立ちたかった。
臼井先生が見つめていた理想を追い求め、レイキをさらに普及・発展させたかった。
しかしそれは僕1人では到底できないことです。同志が必要です。
僕らの使命である「一家に1人 レイキ・ヒーラー」という理想の実現のために……。

②レイキの新しい可能性を語る人物とは？

僕にとって同志であるレイキ・ティーチャーに望むことは

（1）どれだけレイキを実践しているか？
（2）どれだけレイキを愛しているか？
（3）愛にあふれた存在であるか？

ということです。
僕は1人の男性を思い出しました。

彼は、この3つの要素に加え、誰からも愛される人柄と最高の笑顔まで持っています。

そして、10年以上の氣功と心理学の研究に基づくユニークな世界観を持っていました。


僕は彼に声をかけることにしました。

その結果、彼は瞬く間に才能を開花させ、今ではレイキの講座全般を担ってくれています。


彼の名は廣野慎一です。

次章では、廣野に登場してもらい、レイキの新しい可能性を語ってもらいます。

第4章

レイキをつなげるということ

1 北は札幌、南はグアム！

はじめまして、廣野慎一です。

私は、過去7年間、のべ1万2000人以上の方に、レイキの講座を通して、1人1人が持つ可能性を引き出すことに貢献してきました。

その結果として、自分も他人も癒せるようになり、「日常生活」がよりよくなったという声も日々いただいています。

さらに、「人生そのものが好転した！」という驚きの声も珍しくありません。

現在も、ほぼ毎週30名以上の方にご参加いただき、最前線でレイキの普及を全国で行っています。

たくさんの場所に伺いました。

北は札幌から、南は福岡まで。さらに、近頃では海外からもお招きいただけるようになりました。イギリスのロンドン、アメリカのラスベガス、グアム……。

たくさんの方にお会いしました。

補聴器をつけられた89歳の男性の方。

あるいは、出産を翌月に控えた妊婦さん。

さらに、受験を控えた男子高校生。

当然、ご参加の動機もさまざまです。

切実な心身の痛みを抱えている方。一方で、好奇心や興味に任せて参加されている方。なかには、「何をやるかまったくわからず」ご友人や家族に誘われて参加したという方もいらっしゃいました。


どんな方に対しても、私は次の3つの想いを持って接しています。

（1）人はすべていつからでも人生を好転させることができる
（2）そのためには実は自分の努力以外にも活用できる力がたくさんある
（3）そのためにはレイキは最高のメソッドである

とはいえ、ここまでたどり着くまでに少し遠まわりをしました。
なにしろ私は今も昔も「普通」の人間です。
受講生の方からもよく言われます。

生まれた時から特異な能力があったわけではありません。
レイキによって命を救われた経験があるわけではありません。
レイキによって神秘的な体験をしたわけではありません。

そんな男がなぜこんな役割を担っているか。
そして役割を担う以上、何をお伝えしたいか。
第4章ではそのあたりをお伝えしたいと思います。

では、まずは私の「遠まわりした」ストーリーを分かち合いたいと思います。

2 自然に使命・天職にたどり着くための4つのステップ

①突出したものに憧れた子ども時代

今でこそ、「普通」であることが大事だと感じている私ですが、子どもの頃は違いました。

「突出した特別な存在」に強く憧れていました。

とにかく「目立ちたい」「特別な存在になりたい」と思っていました。

とはいえ、周りの目も氣になるタイプでした。

あまり目立ちすぎて叩かれたくない。いわゆる世間体を氣にするタイプでもありました。

これは、非常にジレンマがありました。葛藤の日々です。

だから小学校から高校にかけて、学級委員やキャプテンなど、リーダー的なポジションにつきたいと思いながらも、自分では立候補する勇氣はありませんでした。

陰口を叩かれると嫌だからです。

それでも、周りの人から推薦してもらうと、渋々引き受ける感じにしながらも、内心は少し喜んでいました。

先生から、「生徒会をやってみないか？」と誘われた時は、全力で断りました。

僕の中では「目立ちたい」けれど、「目立ちすぎてはいけない」という、そんな基準があったのです。

それでも、それなりに充実した学生生活でした。

そんな中で、ふとした瞬間にいつも頭に浮かぶ問いがありました。

「自分は何をするために生まれてきたんだろうか？」

「このままでいいのだろうか？」

そこには、2つの想いがありました。

（1）自分は、たぶん何か大きな使命・天職をするために生まれてきた。

（2）だから、自分の人生は絶対にうまくいくはず。

いずれも根拠のない自信でした。

というより「なんとなくそう思っていた」と言ったほうが正しいかもしれません。

そして、この自信は学生時代が終わった時に試されることになります。

②今でも思い出す辛かった営業時代

それは社会人になった直後に起きました。

私が就職したのは、ある一部上場会社の営業職でした。

世間体を氣にする私としては、親にも喜ばれ、周りにもそれなりに自慢できる、順風満帆な感じで入社したつもりでした。

しかし、入ってからが大変でした。

私にとっては想像を絶する厳しさでした。

厳しさというよりも、自分の無力さを感じさせられる日々でした。

今思えば、会社は私のことを買ってくれていたのでしょう。

週次の会議が迫るたびに、恐怖に怯《おび》え、休日であっても暗い氣持ちで家に籠っていました。

当時は、携帯電話の留守番電話恐怖症になっていました。

1時間弱のお客様との打ち合わせの間に、最高20件程の留守番電話が入っていたくらい仕事が滞る状況でした。

ですので、営業成績もよくなるわけがなく、毎日がつらい日々を過ごしていました。

そして28歳の時に、その会社を辞めました(両親にも相談しなかったので、後にちょっとした騒動になりました)。

③貧乏生活の中の自分探し

その後は、派遣社員をしつつ、自己投資としてさまざまなセミナーに行きながら、「自分のやりたいことは何か?」「やるべきことは何か?」と自問自答の日々でした。

住まいは、家賃4万5000円の風呂なし・和式トイレの格安アパートに引っ越しました。

生活費より自己投資に重点を置いていたため、来月の家賃すら心配になる貧乏生活でした。

それというのも、30代を目の前にして私には焦りの思いがありました。

「20代でこれは一生のものと思えるものを見つけなければ、自分はもう成功できない」そんな焦りでした。

「自分には必ず使命・天職がある」「何かやるべきことがある」という根拠のない自信があるからこそ、早く見つけなければ、早くスタートを切らなければと焦る思いは募り、かくして、自分探しの旅が始まりました。

29歳の時には、１００万円以上かけて、学生時代からの夢である世界一周の船旅に出ました（実はこれが人生初の海外旅行でした！）。

それからも、自己投資をして、さまざまな体験や学びをしていきました。

当然、お金はすぐになくなりました。

頼みの綱は、会社員時代に会社の信用で作ったクレジットカードのリボ払いだけ。

そのうち、私の興味は次第に人間心理や可能性追求に固まってきました。

カウンセリング、コーチング、ヒプノセラピー……。そして、ついに決定的なものに出会ったのです。

④氣功との出会い

それは、通っていたカウンセリングスクールの特別講座での一幕でした。

その日の講師は、安藤佑希哉（安堂正龍）先生。護神拳という氣功を体験させてもらいました。

この日の衝撃は生涯忘れません。

「パッ」と先生が技を繰り出せば、「おぉ‼」と驚嘆の声があがるほどの変化をその場で体感できる。それまでの学びにはないものでした。

「人とは違う特別な能力が欲しい」

幼少の時から自分が求めていたものです。

その想いは、会社員時代を終えた後に、さらに再燃していたからこそ、安藤先生の圧倒的なパフォーマンスに憧れを覚えたものでした。

その日から3ヶ月後にオープンしたばかりの東京道場に入門しました。

会社員時代の仕事は、「謝ること」と「怒られること」。

この2つの印象が強かったです。


ですので、私はずっと思っていました。

「人から一目置かれて『ありがとう』と感謝の言葉を直接かけてもらえることがしたい」

そんな思いは日増しに強まり、入門3年目がたつと、次第に「人に教える」道に興味が湧いてきました。

「氣の道を探求して生きよう！」

そんな思いが芽生え始めたのもこの頃でした。

すでに、30歳を過ぎ、半ば自分の天職や使命は、もう見つからないかもしれないと諦めかけていたそんな矢先でした。

⑤場違いな場が転機を教えてくれる

望月さんとヴォルテックスに会ったのは、安藤先生との出会いがあってから数ヶ月後、作家本田健さんの「ライフワーク発見」というセミナーに参加した時のことです。

ちょうど私の後ろの席に望月夫妻が座っていたのです。

その頃はまったく望月さんのことは知らずにいたのですが、休憩時間になるたびに、望月さんの周りには挨拶の人だかりができていました。

「この人、誰だろう?」

聞き耳を立てていると、会話の中から「宝地図」というキーワードが何度も出てきました。

その時は、その場で声をかける勇氣はありませんでした。

帰宅後に検索してみると、「宝地図」に興味が湧き、そこで1日の宝地図を作成するセミナーに参加したのです。

「自分が何をしたいか見つけたい」

そんな自分探しの一貫でした。

そして実際に参加してみた第一印象は、あまりいいものではありませんでした。

当時の私は、宝地図は、「すでにやりたいことが決まっている」ことがあって、それを実現させていく手段の1つである、と思ったからです。

「やりたいことがぼんやりしている私は、場違いなところに来てしまった」

正直そう思いながら、セミナーを後にしました。

なんとかその場しのぎで作った宝地図は、その日のうちに押入れの奥にしまってしまいました。

それから半年程して、今度は「宝地図マスターズクラブ」の案内メールをもらいました。

当時の私にとっては、高額なセミナーでしたが、案内を見てすぐに申し込みました。

実は、今思い出しても、なぜ申し込んだのかわからないのです。

「なぜか申し込んだ」

この表現がしっくり来ます。

しかし、実際に参加してみると、

「またまた場違いなところに来てしまった！」

という感覚でした。

それは、参加している方が、私の目には、「もうすでに実績のある方」ばかりに映ったからでした。

派遣で仕事をしながら、まだ自信を持って、「これがやりたいです」「私の夢はこれです」と言えない私は、身をすくめながら受講していたのを覚えています。

ところが、この講座の中で、私は氣づいたことがありました。

「宝地図」は、「意識」と「イメージ」と「行動」を望む方向に向けることが夢実現に大事なことだと、何度も繰り返し、望月さんに教わりました。

そこに当時、安藤先生から習い始めていた氣功との意外な共通点があったのです。

合氣の技も「意識」と「イメージ」と「動き」を合わせるものなのです。

もしかしたら、私の氣功の学びと夢実現の方法論が、みなさんの夢実現に役立つのではないか？

それがわかった瞬間に、少し目の前が明るくなってきました。

⑥大事な話は、構えない場所で起きる

私は、さらに氣功の学びを続けながら、夢実現法より深めるために望月さんからしっかり学ぼうと思いました。

そこで、当時宝地図の発展版として始めたばかりの「宝地図ムービー」という講座に参加しました。

この講座は、「コルクボードに夢を書いた紙を貼る2次元の宝地図を動画にして、夢実現を加速させる」というものでした。

パソコンを使って、写真を動画にしていく。今ではスマホを使って難なくできる作業ですが、当時はそれなりの知識とスキルが必要でした。

パソコン自体の操作には慣れていたので、講師の方が手のまわらない時に、他の受講生のサポートなどをしました。

そして、宝地図ムービーの講座自体のお手伝いなどもすることになりました。

その流れの中で、大きな転機が訪れました。

望月さんが韓国で宝地図セミナーをする直前に、急遽、講師の一部に変更があったのです。

そして私は、「宝地図ムービー」の講師の代打を頼まれたのです。

韓国での宝地図、宝地図ムービーのセミナーは大盛況に終わりました。

その帰りの飛行機の中でのことです。

大きな選択を望月さんから迫られることになりました。


「慎ちゃん、ヴォルテックスで『宝地図ムービー』の講師として一緒にやっていかないかい?」


正直、とても嬉しいお誘いでした。

「はい」と2つ返事で受けたいところでしたが、大きな問題がありました。

実は、その3日後から新しい派遣先に出向く契約が決まっていたからです。

その段階で契約を断ることは、先方からすればありえないことです。

というか社会人としてどうなの? というレベルです。非常識極まりないことです。

だから、本当に悩みました。夜も眠れないほどでした。

しかし、将来を考えた時、どちらが自分の役に立つかはわかりきっていました。

人に何かを「教える」仕事をしていきたい。
できれば夢実現法に氣功などの学びを融合した私独自のものを。

と考えた時に、私は宝地図ムービーの講師としてやっていく道を選ぶことにしました。そして土下座せんばかりの勢いで、内定先にお詫びしました。本当に本当に勇氣のいる決断でした。

⑦仕方なく受けたレイキに惹かれる

レイキと出会ったのは、実はこの後なのです。

「慎ちゃん、氣功やってるんだよね？　だったら、ぜひレイキを受けたほうがいいよ」

望月さんは何回もレイキの受講をすすめてきました。

私自身は、すでに氣功の修行をしているので、あえて学ぶこともないというのが本音でした。

しかし、ヴォルテックスの講師として、宝地図ムービーの講座をしている身です。

ヴォルテックスの他の講座の内容を知らないというのもどうかな？　と思い直し、受講することにしました。


実際にレイキを受講してみると、その面白さに強く惹かれました。

何よりも「使える！」という実感は斬新なものでした。

とはいえ、学びはマイペースでした。

指導者養成講座であるレイキ4まで受け終わったのは、それから2年後になりました。


ヴォルテックスでの講師生活は、２０１１年の東日本大震災によって一時的に中断しましたが、その後も何度かサポーターとして望月さんに会う機会がありましたそうした中で、また望月さんから、「慎ちゃん、レイキを一緒にやらないかい？」と誘われたのです。

この時は、ホテルのエレベーターの中でした。

飛行機の中や、エレベーターの中、つくづく面白い場所で転機が訪れる人生だと思います。

しかし、構えていない場所で大事な話は出るものです。

その後の半年間は、望月さんについて全国を周り、「伝え方」を実地で学びました。

⑧望月俊孝から受け継いだもの

私がレイキの講師として、望月さんから引き継いだものは次の3つです。

(1) ワークを通して、変化を体感してもらうこと

レイキは目に見えないものです。

ワークを通して、「使える」という確信がなければ、その後の人生に活用してもらえません。

(2) 守らなければならないものは、守る

次の3つは守り続けています。

・アチューンメントしている姿を公にしないこと

・シンボル・マントラを学ぶ意思のある者以外には公開しないこと

・遠隔によるアチューンメントはしないこと

単に知識として「知っている」だけでは、レイキは何の意味も持ちません。自分で使えることを体感するプロセス抜きに秘伝を公開することはあってはならないことです。

（3）しかし、時代に合わせて発展させていくことを恐れない

望月さんはいつも言っていました。

「物事は、発展・拡散していくのが原則。『こうじゃないといけない』という思い込みに氣をつけないといけないよ」

この3つは、今でも常に私の心の中にあります。

半年後からは、1人で講義をするようになり、現在に至ります。

⑨天職に近づいていく感覚とは？

「天職に近づいている感覚」

レイキの講師という仕事を通して初めて感じた感覚です。

「人の持つ精神性やエネルギーに目を向けて、1人1人の氣づきを促していく。自らの実践、体験、学びを通して、人の持つ霊性を高めるサポートをしていく」

言葉で表現するにはずいぶんと時間がかかりましたが、こんなことを一生仕事にしていくんだろうなぁと深いところで感じることができました。

それとともに、自分の中に才能を見つけることもできました。

それはリーダーとして人を引っ張っていくというよりも、**「ファシリテーターとして学びの場を作っていくこと」**です。

しかし、この才能は思い返せば、学生時代に部活の部長やクラス委員を通して自然と発揮していたものでした。

かなり遠まわりになりましたが、ようやくスタート地点に戻った氣がします。

⑩やるべきことには、自然にたどり着ける

ここまでお読みいただいてありがとうございます。

振り返ってみると、私の人生は４つのステップがあったと思います。

【ステップ１】
「なぜ」という疑問を持つ。
――疑問はあなたの中にある才能からの呼びかけです。

【ステップ２】
好奇心に任せて答えを探していく。

――疑問があなたのワクワク、好奇心を引き出してくれます。

【ステップ3】

氣がついたら、いつのまにかある役目を担っている。

――ワクワクや好奇心は才能があるということなので、自然と周りから認められ、担う役目が出てきます。

【ステップ4】

後で、実はそれが自分の天職・使命だったと氣づく。

――すべては偶然ではなく、導かれていたんだということが、後から振り返ることでわかってきます。

一般的な目標達成とずいぶん違いますね。

自分の力で押し通すわけでもない。

かといって、完全に流されるわけでもない。

いわば導かれるかのようにおさまるところにおさまる。

もちろんこうした生き方だけが正解ではありません。

しかし、次のようないい点もあります。

（1）人生の中で、「こうじゃないといけない」という制限が少なくなります。制限は可能性を狭めていきます。

（2）目に見える世界以外にも関心が及び「こういうのもありだよね」と人生に役立てることができます。いろんなことが自分に必要なことなんだと肯定できるようになります。

（3）主に人が持ってきてくれる人生の流れに乗りやすくなり、思いがけないチャンスが増え、ベストなタイミングでそれでつかむことができます。

何よりも「孤独感」を募らせるのではなく、すべてとつながっているんだという万物との「つながり・絆」を感じながら日々を過ごすことができるようになります。

もし少しでも共感していただけるなら、この後の話はとてもお役に立てると思います。

なぜならば、このような生き方をする時に、とても大切している要素があるからです。

それは「**自分の努力以外で人生を左右する力**」です。

端的にいえば、「運」の話です。

3 人生を好転させる4つの仕組み

①運とは、運ぶもの

「運」ほど非科学的でありながら、大きな関心をもたれ研究されているものはありません。

易学、氣学、風水学などの学問がそうです。

一般の方でも日々、星占いや初詣、パワースポットめぐりなど、ライトな開運法を実践しています。

では「運」とはそもそも何でしょうか？

「運」とは文字通り「運ぶもの」です。

その運び方によって、さまざまな手法があるだけです。

ここでは、僕が10年以上の氣の研究と人間心理の研究の末にまとめあげた運の運び方を紹介します。

②人生の善循環のサイクルを初公開

それが「人生を好転させる4ステップのサイクル」です。

【ステップ1】 やる氣を出す。その氣になる［やる氣・その氣］
【ステップ2】 氣を運ぶ［運氣］
【ステップ3】 運を動かす［運動］
【ステップ4】 行動を起こす［行動］

もしあなたの人生がうまくいかないと感じているのなら、この4種類のいずれかを見直してみましょう。
順番に見ていきましょう。

【ステップ1】やる氣を出す。その氣になる［やる氣・その氣］
口癖を変えたり、ポジティブシンキングをしたり、モチベーションをアップさせることです。

【ステップ2】氣を運ぶ［運氣］
風水グッズをそろえたり、パワースポットに行ったりすることです。
氣功やヒーリングも、実はここに該当します。

【ステップ3】運を動かす［運動］
文字通り「運動」という意味もありますが、ここでは、運を動かすために必要な工程です。
余談ですが、お金持ちの家にプールがあるのは、「水泳」という運動を通して運を継続的に上げているから、という考え方もあります。

もしくは歩くことや走ること。ヨガなども運を動かすことですね。

もっと言うと、アイデアを書き留める、ペンを動かして紙に書く（指を動かす）のも同様です。さらに人に会いに行くことや人氣のある場所に足を運ぶことも含まれます。

【ステップ4】 行動を起こす［行動］
目標に向かって、具体的なアクションを起こすことです。
3次元に落とし込むことです。

私はこれを見つけた時、人間のいろいろなことが説明できると氣づきました。

たとえば、こんな問題があります。

「やる氣はあるけど、なぜか行動ができない」

「せっかくいいことを学んだのに、実践できない」

あなたも経験があるかもしれません。

この点も上記のステップからするとこう説明ができます。

「人が行動する理由は、やる氣やモチベーションだけではありません。実は運が高まり、動き始めて『なんかいいことがありそうだ』とワクワクするような予感が高まった時に、初めて行動ができるのです」

さて、ここで大切なことがあります。

通常こうしたプロセスは、【ステップ1】をまずは改善しないと、成果はできないとされています。

しかし、この4つのステップについては、どこから始めても成果は上がるということです。

それは、この4つのステップはサイクルだからです。

波となって動いているからです。

だから、あなたの好きなところから変えていけば、人生によい循環、サイクルが生まれるのです。

③まずは「運氣」から、氣を運ぼう！

私は、みなさんにまず【ステップ2】の「運氣」、氣を運ぶことをおすすめしています。

それには、こんな理由があります。

（1）「運氣」は個人の体力や周囲の環境にもっとも左右されにくいから
（2）「運氣」は自分の努力ではなく、他の力に委ねることで高めることができるから
（3）「運氣」は「知っている」だけでも成果が上がるものも多いので日常に取り入れやすい、すぐにできるから

一言でいえば、もっとも変数（できること）が多い要素なのです。

こうした氣を活用すると何が起きるのでしょうか。

ボートでたとえれば、「手漕《こ》ぎ」の状態から「モーターエンジン」が設置されたかのように人生の進むスピードが驚くほど速くなります。

では、どのように氣を運べばいいでしょうか?

お待たせしました。ここでレイキの登場です。

4 レイキであなたの人生は好転する!

①レイキは開運法として普段使いできるもの

「『運氣』を高めて、人生を好転させる」

この目的を実現するための手段として、私は「レイキ」をおすすめしています。

理由は、とてもシンプルです。

(1) すぐに身につくから

（2）特別な道具がいらず、いつでもどこでも使えるから

（3）汎用性が高く無限に応用できるから

臼井先生はお弟子さんに、「招福の秘法　万病の霊薬」という言葉を残されています。

レイキは、これまではどうしても手当療法としての側面が強調されてきました。

いざという時、まさかの時に威力を発揮するのが、レイキであるとされてきました。

すなわち「万病の霊薬」としてのレイキです。

もちろん素晴らしいことです。

しかしレイキは、一方で「招福の秘法」でもあります。

私はもっと日常を彩り豊かにする開運法・人生好転法としてのレイキを広めていきたいと思っています。

レイキを特別な時だけではなく、もっと「普段使い」してほしい。

僕はよくレイキを携帯電話で次のようにたとえます。

②電話の歴史とレイキの意外な共通点

初期の頃の電話は、自動電話交換機として特別な家の壁に掛けてあるだけでした。

しかしそこから黒電話のように各家庭に普及していきます。

やがてコードレスになりました。

そして、ついに携帯電話が登場し、「誰でも電話を身につけている」時代になりました。


氣功についても、門外不出にして特殊な能力者だけで伝えていた時代がありました。

しかしそこから合氣道や太極拳のように一般的な健康法として普及していきました。

その経緯でいえば、レイキはある意味「携帯電話」の登場と同じかもしれません。

「携帯電話」は、街角の販売店で手続きをするだけで即日使用することができます。

「レイキ」も、アチューンメントによって、エネルギー回路を開けばその場から癒しのエネルギーを使うことができます。

その意味では、もはや「誰でも氣のエネルギーを活用できる」時代になっています。

しかし、さらにチャレンジがあります。

今の「携帯電話」はさまざまなアプリの登場で、もはや「電話」という機能を遥かに超えて私たちの生活に浸透しています。同様にレイキも緊急時の手当療法という役割に加え、日常生活にもっと使えるものに発展させていく必要があります。

③人生を好転させるレイキを学ぶ5ステップ

そのため大切なのはレイキの学び方です。

「レイキってこんなに使えるんだ」

「だったらこうしてみよう」

ただの氣持ちや感覚の変化に留まらない「自分で使える！」という体感を学ぶ段階で得てもらうことが大切です。

理想的には次の5ステップとなります。

【ステップ1】

アチューンメントを受ける。

↓　レイキのエネルギーの回路をティーチャーにより開いてもらいます。

【ステップ2】

身についたエネルギーをその場で試してもらう。

↓　すると何かしらの効果が出て身体で変化が実感できます。

【ステップ3】

実感に満足せず、発展的な疑問を持つ。

↓　変化を実感できたら、さらに思考を発展させてもらいます。

「本当にいつも変化があるのかな?」

「こういう場合はどうなるのかな?」

「なんでこういう変化が起きるのかな?」

変化を受け入れただけで満足してしまうと理解が浅いままに終わり、結局その後使わなくなってしまうからです。

【ステップ4】

疑問や問いかけを持った状態でさらに試してみる、使ってみる。

↓　レイキの素晴らしいところは「信じていなくても」効果が出るところです。

それを実感するのがこのステップです。疑いを持ったままでも効果が出ると、

「それなら使わきゃ」と思うからです。

【ステップ5】

「こういうのもありなんだ」という視点が手に入り、可能性に氣づきやすくなる。

↓　レイキを使い続けることが習慣になると、普段の意識を超えた世界を感じることができます。

それにより自分のまだ見ぬ力と可能性に氣づけるようになり、人生への恐れがなくなります。

この学びを実現するのがファシリテーターとしてのレイキ・ティーチャーの役割です。

④レイキの成果は「ワーク」で決まる

私は、レイキを伝えさせていただく上で次のことを心がけています。

（1）初学者の方には、「使える！」という確信を持ち、「家に帰っても続けたい」と思っていただくこと

（2）さらに学びが進まれた方には、「一生使える財産を手に入れた！」と実感してもらうこと

（3）レイキの指導者（ティーチャー）を目指される方には、レイキが受け継がれてきた重みと人間が本来持っている美しさ、神聖さを感じてもらうこと

そのためにアチューンメントを受けた後のその効果を実感するワーク・実習の工夫に情熱を注いでいます。

なぜならば、人は圧倒的な変化をその場で体感すると、「自分ごと」として深い興味を覚え、工夫を始め、日常に帰っても試し続けてくれるからです。

具体的には、次のような指針でワークを選定・作成してきました。

（1）誰にでも100％変化が出る再現性のあるワークのみを採用する
（2）変化が目に見え、客観的にわかるワークのみを採用する
（3）思わず歓声が上がり、盛り上がるワークのみを採用する

このため、最初は体力を心配されていた高齢の方や妊婦さんもいつしかワークの輪に入り、安全な形で楽しまれています。

⑤「よくわからなかった」がなくなる3つの技

もちろん心構えだけでなく、伝える技術も工夫を重ねています。

（1）ワークの前には、変化が出たところまで実演してお手本を見せる
↓ ペアワークの場合は、相手はスタッフではなく、あえてその日初めて会う受講生の方に

協力してもらうことで、ますます興味を引きます。

（2）ワークの手順は本当に細かく丁寧に伝える

（3）あらかじめ、およそ受講生が体感すると予想される感覚を、できるだけたくさん言葉にして伝えておく。

→エネルギー・ワークの場合は、どうしても「よくわからなかった」という方もいらっしゃいます。これは、その方が最初に期待していた感覚と違う感覚が生じたからという場合が多い。そのためのいわば予防策でもあります。

私自身がレイキを伝える身として誇ることがあるとすれば、それは「目に見えない世界のことを、目に見える世界に落とし込んで表現できること」です。

そのために、体感してもらうためのワークを磨き、伝えるための言葉を磨く日々を送っています。

ワークの風景

5 親子の絆が人生の問題を解決する

私は子どもを持つ父親になった後、考え出したテーマがあります。

「人生の問題は、分離から始まる『孤独感』から生まれる」

実は私たちはどんな人でも2回の大きな分離を通して孤独感を味わいます。

1回目は、誕生してへその尾が切れた時。

2回目は、乳離れをした時。

いずれも絶対的に安心な母親から引き離され、自立を余儀なくされた瞬間です。

私たちは、分離から始まり孤独感を味わいながら、すべてがつながっているワンネスを再体験する、学びのプロセスの中で生きています。

つまり人生は、つながりや絆を求めながら孤独感を感じたり、家族や仲間との交流からつながりや絆を感じたりすることの繰り返しです。私は、レイキはヒーリングを通して、親子の絆を結び、つなげ合うことに役立てると感じています。

親子がそろってレイキを学び、互いにヒーリングをする。深い相互承認の中で、親は「この子を産んでよかった」と思い、子は「この親から産まれてよかった」と思う。

真の親孝行とは、産んでくれてありがとう、生まれてきてくれてありがとう、という相互承認が実現することだと考えています。

レイキヒーリングには、それができると私は、確信しています。

そうした本当の意味での「親孝行」が実現すれば、募らせた孤独感が癒され、人生はよりよいものになってきます。

人生の飛躍のための基盤になれるのが、レイキなのです。

レイキは必ずあなたとあなたの大切な人の力となるものです。

ぜひ一緒に学んでいきましょう。

第5章

レイキと生きるということ

1 科学技術とは、身体を拡張させること

①科学技術は手から始まった

人は誰でも無限の可能性を持っています。
しかし人生の長さは有限です。
しかもいつ終わるかもわかりません。
なぜならば、僕らは自分たちの持つ身体によってしか生きられないからです。

この事実に人類は悩んできました。
限りある命に比して、この世界は、あまりにも広すぎたからです。

そこで、僕ら人類が行ったことは、身体の制約を超えることでした。

そのために身体の機能を拡張させることでした。


ものを創る「手」は、石器や石斧に拡張されました。

こうした道具を持ったことで、人類は世界を主体的に創り出していくことになります。

ここから科学技術が始まります。

地面を歩く「足」は、靴やサンダルに拡張されました。

さらに馬車に、船に、蒸氣機関車に、自動車に、飛行機に、そしてロケットに拡張されていきました。


この拡張は、やがて形のない人間の内面世界にも及びました。

最初は「文字」から始まり、本に、郵便に、電信に、電話に、ついにはインターネットに拡張されました。

しかし今、僕らが続けてきた拡張は、僕らに大きな問題を提起するものを生み出したのです。

それが人工知能（ＡＩ）です。

②人間の脳に迫る人工知能（AI）

単なる高速計算機であったコンピュータを人間のような頭脳を持った存在にしたい。

こうした技術者の想いは、コンピュータが開発された1930年代からありました。

人工知能（AI）という言葉は、1956年のアメリカで生まれました。

僕が1957年生まれですので相当な歴史がありますね。

近年、人工知能（AI）は人間がプロセスを指示しなくても、膨大なデータ量から対象の概念を自分で学び、自分で判断できるようになりました。

この仕組みをDeep Learning（深層学習）といいます。いよいよ人間の脳に近くなってきました。

しかしそのために、こんな問題が起き始めているのです。

2 なぜ人工知能（AI）に仕事を替わられる未来にワクワクしているのか？

①人間が行う仕事の約半分は機械・AIに奪われる

２０１４年、オックスフォード大学准教授のマイケル・A・オズボーンと研究員カール・ベネディクト・フライが『雇用の未来―コンピューター化によって仕事は失われるのか』という論文を発表しました。

この論文は、７０２種類の職種について将来的には人工知能（AI）や機械などの人間ではないものに代替される確率を計算したものです。

その結果は衝撃的でした。

「アメリカの労働人口47％、イギリスの労働人口の35％が、今後10～20年以内に職を失う可能

性が高い」

しかし、本当の衝撃は別のところにありました。

これまでも技術革新により廃《すた》れた仕事はたくさんありました。

それらの多くは身体を使う単純作業でした。

しかし、この論文の中には、会計や法律職もしくは医療従事者などの高度な知的専門職も人工知能（AI）に代替されてしまうとされています。

この背景にあるのが「ビッグデータ」の存在です。

インターネットがさまざまなデバイスにつながることによって、それまでは収集不可能だった膨大なデータが集められるようになりました。

これによりDeep Learning（深層学習）の精度が飛躍的に上がったのです。

人工知能（ＡＩ）はいうまでもなく人間のように疲れません。人間のように飽きません。人間のように面倒くさがりません。

おまけに遥かに低コストで安全です。

もし、このまま人工知能（ＡＩ）が進化したら、人間はどうなってしまうのでしょうか。

②未来は、人間らしさが必要な仕事しか残らなくなる

でも、僕はとてもワクワクしています。

人工知能（ＡＩ）が至るところに導入された未来では、僕らの生活に必要なものは今よりも遥かに効率よく生産されます。

その結果、生活のためのコストが大きく下がります。

生活費のために働く必要がほぼなくなってきます。

そのために過酷な長時間労働や理不尽な職場で耐えることもなくなるのです。


そんな中で残る仕事とは何でしょうか？


それは「人間しかできない仕事」「人間らしさが必要な仕事」だけです。

すべての人が生活のためではなく、自分という人間の表現のためだけに働く。

そんな人類史上かつてない時代に、僕らは生きることができるようになるのです。

産業革命のように、技術の進歩は、それを生み出した社会をも変えていきます。
今後は、ベーシック・インカム（すべての国民に対して、生活を賄《まかな》えるだけの一定額の金銭を無条件・無期限で給付する）制度も含めて、大きく日本も変わるでしょう。

では、そんな時代を最高に生きるために今から何をすればいいのでしょうか？

③手は世界を創り、その創った世界を癒す

それは「人間らしさとは何か」について、僕らなりの答えを持っておくことです。
アメリカの人工知能研究者のレイモンド・カーツワイル氏はこのような衝撃的な発言をしています。

「２０４５年には、人工知能は万能になり、人間の英知を超越する『シンギュラリティ』（技術的特異点）が到来する」

本章の冒頭に書いたように、あらゆる道具は僕らの手の機能を拡張させていったものです。その意味では、自分で学習し判断できる人工知能（ＡＩ）は、道具として初めて僕らを超越したのかもしれません。

しかし、手にはこうした「創造」以外の機能があります。
それこそが、もっとも「人間らしさとは何か」を僕らに教えてくれます。

それは「癒し」です。
手は世界を創り、その作った世界を癒します。
本書のタイトルはここから来ています。

3 ありのままの自分は「癒しの手」で思い出せる

①癒しの本質は「思い出すこと」

「癒し」とは何でしょうか？

僕は、こう考えています。

癒しの本質は「思い出す」ことだ、と。

英語のスペル "remember" で考えるとわかりやすいです。

"re" は「反復」を示す接頭語です。

"member" は「仲間、一員」などを示します。

「もう一度大きな存在の中の一部に戻る」
「それにより自分の本来の姿を思い出す」

これが癒しの在り方なのです。
その行為を実現するのが「手」なのです。

手はただの運動器官ではありません。
次の2つの機能を持って、「癒し」を実現します。

（1）手は、自分の存在を確かなものにします。
（2）手は、愛を受け取り、愛を送ることができます。

②手は、自分の存在を確かなものにする

「手は外部の脳」という言葉があります。
哲学者カントの言葉とされています。
また「手は第2の脳」とも言われます。

手は直接世界に触れて、神経を通して脳に外部環境情報を送ります。

赤ちゃんを例にしたらもっともわかりやすいでしょう。
僕らは全員、もともとは大きな存在の中にいました。
それはお母さんのお腹の中です。
そこは完璧に守られた世界でした。
その中で僕らはまず自分の存在を確かめます。
もちろん目は見えません。

そこで頼れるのは「触覚」です。

受精後18週を過ぎると脳の体性感覚野とつながり、人間に「触覚」が生まれます。

胎児でありながら、指しゃぶりを始め、自分の身体の存在を確かめていきます。

誕生後2ヶ月が過ぎると、足を触ったり、口に入れたりして、自分の身体を探索していきます。

まだ目ははっきりとは見えません。

赤ちゃんは、触れることで自分の身体から、徐々に徐々に周りにあるものを確かめていきます。

そして生後1年ほどで、赤ちゃんは自分と自分以外の世界が違うものであることを知り、区別できるようになります。

赤ちゃんの脳波を測ると、触覚を刺激することで、視野野や聴覚野も活動していることがわかります。

これを感覚統合といい、生後数日で起き始める現象です。

このおかげで、やがて触れることなしに、見ただけで世界を把握できるようになります。

そうして僕らは、目に見えたものだけを世界だと思うようになるのです。

でも手の力が本当に必要とされるのは、ここからなのです。

③手は、愛を受け取り、愛を送ることができる

「手は心の道具である」という言葉があります。

医師であり、後に著名な教育者となるマリア・モンテッソーリの言葉です。

「ハーバード成人発達研究」という、75年にも及ぶ史上もっとも長期にわたる人間の幸福の研究調査があります。始まったのは、なんと1938年です。

この調査の中で興味深い報告があります。

それは、仕事の成功は「幼少期に母親からあたたかい愛情を受けていたかどうか」で決まる傾向にあるということです（具体的に年収にして１００万円の差がありました）。

では、親の最高の愛情表現とは何でしょうか？

答えはスキンシップ、触れ合うことです。

皮膚感覚は原始感覚と呼ばれ、情動を起こす古い脳である大脳辺縁系につながっています。

ここは、愛情を持って触れることなしには発達しえない部分なのです。

もし触れることがなければ、その子は将来、感情のコントロールが苦手になります。

他人と触れ合うことに抵抗を覚え、他人との親密な関係を築けなくなるのです。

子どもの頃、僕らは「触れる」のが大好きでした。

その頃はまだ言葉はあまり知りません。

だからこそ、名前を知って満足することもありません。
必ず触って、その存在を確かめたのです。

さらに、「触れられる」のも大好きでした。
特に親からのスキンシップは格別でした。

いつもお母さんが添い寝して抱きしめてくれたこと。
泣いていた時、お母さんが背中をなでてくれたこと。
夜中お腹が痛い時に、お母さんがさすってくれたこと。

頑張った時に、お父さんが頭をなでてくれたこと。
落ち込んでいる時に、お父さんが肩を叩いてくれたこと。
一緒に歩く時に、お父さんが力強く手を引いてくれたこと。

そこから僕らは愛を伝え、受け取ることを学びました。

それにより、この後の世界での過ごし方が変わっていきます。

④身体感覚がまったくないのに「密着している」時代

現在、僕らは不思議な日常の中にいます。

多くの人と同じ場所にいながらも、各人はそれぞれのパソコンや携帯電話の液晶画面を見ていたりします。

あたかも周囲に誰も存在していないかのように、自分のスペースを持ち歩ける時代になったのです。

では、僕らは人との触れ合いにまったく無関心になったのでしょうか？

いいえ！　そんなことはありません。

フェイスブックなどのＳＮＳでは、今度は過剰なまでに自分のプライベートを投稿していきます。そして、少しでもつながりを求め、リアクションをしています。

身体感覚が一切ないのに密着してつながっている。

誰もが実はそこに違和感を覚えています。
しかし言葉にはできません。
なぜならばきちんと見えているからです。
視覚上は、そのつながりは存在しているからです。

だからより一層このサイクルにのめり込みます。
そんな僕らを今後待っているのが、「仮想現実」という新しい空間です。

⑤癒しの主役は「視覚」ではなく「触覚」である

もちろん社会の流れは止まりません。
でも立ち止まってみることはできます。

僕ら人類は有限な時間の中で、無限の可能性を追求するために身体の機能を拡張させてきました。

しかし拡張させすぎたあまり、どうやら少し身体から離れすぎたようです。

このあたりでもう一度戻ってみませんか？
自分自身の身体そのものに。
ありのままの自分自身に。

その行程こそが前述した「癒し」です。
そこでの主役は、「視覚」ではありません。
僕らが子どもの頃は、誰もが大切にしていた「触覚」です。
あなたの手が「癒しの力」を発揮する時です。

しかし、ここに2つの問題があります。

1つ目は、現代人は触れること・触れられることが心地よいものではなくなっているということです。

タッチパネルを押すだけの存在になった手は、子どもの頃の感覚をすべて失って久しいです。

2つ目は、自分の身体への信用の欠如です。

僕らは自分の身体にたくさんの制約があることを知っています。そのために身体の機能を拡張させてきたのです。そして、身体の制約は、そのまま自分自身の可能性の制限にも根深くつながっています。

では、どうすれば癒しを実現できるでしょうか？

4 究極の人間らしさとは「我がことにする力」

①無限の可能性を思い出す旅で起きること

そこでお役に立てるのが、この本で語ってきた「レイキ」なのです。

この現実の世界はすべてのものが有限です。

僕らの身体にも制約があり、可能性も制限されています。

しかしそれでもなお、レイキは、あなたに無限の可能性があることを心から感じさせてくれます。

アチューンメントの中では、まるで母親の胎内に戻ったかのような、深いやすらぎと安心が思い出されるでしょう。

ヒーリングの実習の中では、子どもの頃に忘れていた触れ合うことの楽しさ・心地よさ・あたたかさを存分に思い出すことができるでしょう。


その時、人は本当にステキな表情を浮かべます。

言葉にできない込み上げるものがある時は感嘆符として、ある時は涙としてあふれ出てきます。

さらに、みんなで行うワークの中では、触れる皮膚感覚すらなくなるような、深い一体感を感じることができます。


自分と相手との境目がなくなります。

そして相手のことを「我がこと」のように感じる体験ができます。

②「我がことにする力」を手に入れた人の未来

「我がことにする力」。

これこそが究極の人間らしさです。

この力が身につくと、こんなことができるようになります。

□ 親子であれば、慈しみが生まれます。
その結果、子どもは一生の支えになる愛を手に入れます。

□ 仲間同士であれば、共鳴が起きます。
その結果、1人では到底成し遂げることのできない成果を上げることができます。

□ 敵対する同士であっても、博愛が生まれます。
その結果、相手は最高の協力者に変わります。

□ 置き去りにした過去の自分をもう一度「我がこと」にできると、自分の中の愛に氣づくことができます。

□ その結果、本当に人を愛せるようになれます。
まだ見ぬ未来の自分を「我がこと」にできれば、現実を突破する力が湧いてきます。

その結果、夢は叶います。

「直観」・「虫の知らせ」・「第六感」なども同じ原理です。

相手を「我がこと」として一体化したからこそ、普段の自分ではなしえない察知や判断ができるのです。

「我がことにする力」の究極は、臼井先生が体得され残された「我即宇宙」「宇宙即我」という境地です。

自分の中の小宇宙と無限の大宇宙が、実は境目なく、つながっている。

悟《さと》りとはまさに、このように「差《さ》をとる」ことなのです。

そしてレイキは入り口がどこであれ、必ずここまで至ることができる方法なのです。

そして、**この「我がことにする力」は、人工知能（AI）が永遠に真似できない力です。**

なぜならば、自己と他の対象を混同することは、情報処理においては重大なエラーだからです。

だからこそ、これからの時代に必要なものなのです。

そしてレイキは、あなたにその力があることを、しっかり思い出させてくれます。

5 レイキは最高の人生の案内役だ

人間は制約のある身体で、いつ終わるかしれない限りある人生を送っている。

この本で繰り返し書いてきたことです。

でも、僕は思っています。

だからこそ無限の可能性を感じられるのではないか。

無限の可能性はその中でしか、感じられないではないか。


「寒さ」の中にいなければ、「あたたかさ」を感じることはできません。

「苦しみ」の中にいなければ、「やすらぎ」を知ることはできません。

「孤独」を経験したことがなければ、「絆」を本当に知ることはできません。


僕は、30代前半にして6000万円の借金を背負いました。

だからこそ自分が本当に向き合うべき役割と、本当の才能を知ることができました。

あるいは、全身をアトピーで蝕まれていました。

だからこそ、健康の大切さと「本当に大切なものを大切にする生き方」を選ぶことができました。


「無限の可能性は有限の人生の中にしかない」

僕はレイキを通して、そんなことを思えるようになったのです。

レイキは今この世界に生きることを全肯定します。
あなたの存在すべてを全肯定します。
そして、あなたの持つテーマにふさわしい人生に、あなたを導いてくれます。

あなたの人生のテーマは何でしょうか？

それがわかっていても、今はわからなくても、レイキは必ずそのテーマにふさわしい人生に、
あなたを導いてくれます。
レイキは最高の人生の案内役なのです。
ぜひ、レイキのある人生を！

参考文献一覧

本書の執筆に際しては、多くの文献・報告書を参照させていただきました。ここに掲載するとともに、改めて謝意を表したいと思います。

□『皮膚感覚の不思議　「皮膚」と「心」の身体心理学』２００６年　山口創　講談社
□『手と脳　増補新装版』２０１０年　久保田競　紀伊國屋書店
□『触楽入門　はじめて世界に触れるときのように』２０１６年　テクタイル　仲谷正史・筧康明・三原聡一郎・南澤孝太　朝日出版社
□『ＳＵＰＥＲサイエンス 人類が手に入れた地球のエネルギー』２０１８年　齋藤勝裕　シーアンドアール研究所
□『史上最強図解　これならわかる！電磁気学』２０１４年　遠藤雅守　ナツメ社
□『ＡＩとＢＩはいかに人間を変えるのか』２０１８年　波頭亮　幻冬舎

□『未来に先回りする思考法』２０１５年　佐藤航陽　ディスカヴァー・トゥエンティワン
□『人工知能を超える人間の強みとは』２０１７年　奈良潤　技術評論社
□『２０２０年人工知能時代 僕たちの幸せな働き方』２０１７年　藤野貴教　かんき出版
□『人工知能革命の真実 シンギュラリティの世界』２０１８年　中島秀之、ドミニク・チェン　ワック
□『脳は「ものの見方」で進化する』２０１７年　ボー・ロット著　桜田直美訳　サンマーク出版
□"A 75-Year Harvard Study Found Out What It Takes To Live A Happy Life" 2014年　BUSINESS INSIDER
□『癒しの手　宇宙エルネギー「レイキ」活用法』１９９５年　望月俊孝　たま出版
□『超カンタン　癒しの手』２００１年　望月俊孝　たま出版
□『癒しの力　お金・時間・他人にコントロールされない生き方』２０１８年　望月俊孝　きずな出版

おわりに／無限の可能性も永遠の存在も、すべて限りある人生の中にある

人間は実は2回、誕生します。
1回目は出産の時です。
そして2回目は、次の質問が脳裏に浮かんだ瞬間です。

「自分は何のために生きているんだろう？」

誰もが無限の可能性を持っているはずです。
でも人生は有限です。
無限の可能性を発揮することなく、その命を終えることも十分にありえます。
それを思えば、答えを追求しないではいられません。
そこで周りから孤立して、この答えを探す旅に出ます。
その旅は、うぬぼれに近い自信から始まります。

ところが、ある瞬間その自信は消え去ります。

「自分にはこの世界に居場所はない。いても役に立たない」
そう思わされる試練が襲ってきます。
それは孤独な戦いです。
頼れるのは自分の情熱だけです。

そこで必要なのは、北極星ともいうべき存在です。

その中で必ず身につく力があります。
それが「断言する」力です。

誰の答えでもない自分の中にある答えを言葉にして言い切る勇氣。

これが持てた時に「確信」が生まれます。

この「確信」が冒頭の質問の答えになります。

おとぎ話ならここで「めでたし、めでたし」となるでしょう。
でも、人生はまだ続きます。
ゴールは自分では決められません。
命が尽きれば、せっかく得た「確信」も、そのまま消え去ってしまう。
そこで人は初めて本氣で「残す」ことを考えます。
自分が人生をかけて得た「確信」を、1人でも多くの人の人生に残していきたい。
それはとても純粋な行為です。
何の照れも氣負いもありません。
単なる「貢献」や「献身」では言い表せない「無私」の行為です。

これが本当の「教育」です。

そこにあるのは自信ではなく自負です。

「自分がやらなければ誰がやる」

尊敬する吉田松陰先生は、この感情を詠《よ》みました。

「かくすれば　かくなるものと知りながら
やむにやまれぬ　大和魂」

やがてその人にも命が尽きる日が訪れます。

しかし、その人の「確信」は、後に続く人の中に生き続けます。

あたかも古代の人が英雄を星座にしたように、新しく旅を始める誰かの「北極星」になることができます。

そして人々の心の中で、永遠に生き続けることができます。

「無限の可能性も永遠の存在も、すべて限りある人生の中にある」

臼井先生とレイキを北極星としながら、ここまで来た僕が深く感じていることです。

レイキはとても地に足がついたメソッドです。

レイキは、あなたがどんな状況にいても、あなたに無限の可能性があることを体感させてくれます。

現実のこの世界を歩み続けるあなたを祝福し、その人生を最後の瞬間まで応援してくれます。

そして、あなたの「自分は何のために生きているんだろう？」という問いかけに根氣よくつき合ってくれ、必ず答えまで導いてくれます。

そんな人生の相棒はいかがでしょうか？


本書を通して少しでもレイキのある人生に、興味を持っていただけたら幸いです。

ありがとうございました。

最後に本書が出来上がるまで本当に多くの方々にご支援、ご協力いただきました。本当にありがとうございます。

何度も挫けそうになっているところを支えていただいた、きずな出版の岡村季子さん、第4章を見事にまとめてくださった廣野慎一さん、ヴォルテックスの僕のブレーン・岡孝史さん、みなさんのご支援がなければこの作品は出来上がることがありませんでした。

さらに本書は今まで関わった受講生のみなさんや関係者のみなさんから教えていただいたことがベースとなっています。

さらにヴォルテックスで「無限の可能性を開き、素晴らしい人生を歩む」お手伝いをしてくださっている神戸正博さん、井田如信さんをはじめ、僕を支え続けてくださっているヴォルテックスのスタッフに心より感謝申し上げます。

スタッフ、1人1人の尽力により、使命を日々果たすことができ、多くの人たちと関わることができています。ありがとうございます。

望月俊孝

出会う人
奇蹟の連続
福の神!
望月俊孝

著者からのメッセージと
プレゼントはこちらから

https://takaramap.com/33/thanks/

●著者プロフィール

望月俊孝（もちづき・としたか）

1957年山梨県生まれ。中学時代より、イメージ・トレーニング、瞑想法、成功哲学などに興味を持ち、独自に研究を始める。上智大学法学部卒。自動車販売会社を経て、1984年、能力開発セミナー会社入社。チーフ・インストラクターとして、年間約150日以上、全国で講座・講演を行う。1991年、ビジョン心理学（チャック・スペザーノ博士創始）カウンセラーの資格を取得。1993年、ヴォルテックス設立。現在、夢実現（宝地図）、ヒーリング（レイキ・癒し）、セルフイメージ向上（エネルギー・マスター）を主体とする人材教育に関わっている。レイキ・ヒーラーを44,258名養成（2018年3月末現在）。

著書に、『癒しの力』（きずな出版）、『「やりたいこと」を先送りしてしまう自分が変わる本』（フォレスト出版）、『幸せな宝地図であなたの夢がかなう』（ダイヤモンド社）、『9割夢がかなう宝地図の秘密』（中経出版）、『お金と幸せの宝地図（DVD付き）』（マキノ出版）、『夢をかなえる習慣力』（実業之日本社）ほか著書累計75万部発行。7ヵ国語で翻訳出版。

□ ヴォルテックス・レイキヒーリングシステム
https://www.reiki.ne.jp/
□ 宝地図公式サイト
https://www.takaramap.com/

癒しの手
運命を1日で変える「レイキ」活用法

2018年7月1日　初版第1刷発行

著　者　望月俊孝
発行者　櫻井秀勲
発行所　きずな出版
東京都新宿区白銀町1-13　〒162-0816
電話 03-3260-0391
振替 00160-2-633551
http://www.kizuna-pub.jp/

ブックデザイン　福田和雄（FUKUDA DESIGN）
印刷・製本　モリモト印刷

 ISBN978-4-86663-041-0

きずな出版